Arthur West Haddan

Councils and Ecclesiastical Documents Relating to Great

Britain and Ireland

Vol. 2

Arthur West Haddan

Councils and Ecclesiastical Documents Relating to Great Britain and Ireland
Vol. 2

ISBN/EAN: 9783337301484

Printed in Europe, USA, Canada, Australia, Japan

Cover: Foto ©ninafisch / pixelio.de

More available books at **www.hansebooks.com**

COUNCILS

AND

ECCLESIASTICAL DOCUMENTS

RELATING TO

GREAT BRITAIN AND IRELAND.

London

MACMILLAN AND CO.

PUBLISHERS TO THE UNIVERSITY OF

Oxford

COUNCILS

AND

ECCLESIASTICAL DOCUMENTS

RELATING TO

GREAT BRITAIN AND IRELAND:

EDITED, AFTER SPELMAN AND WILKINS,

BY

ARTHUR WEST HADDAN, B. D.

Honorary Canon of Worcester,

AND

WILLIAM STUBBS, M. A.

Regius Professor of Modern History,

FORMERLY FELLOWS OF TRINITY COLLEGE, OXFORD.

VOL. II. PART II.

Oxford

AT THE CLARENDON PRESS

M DCCC LXXVIII

VIII. CHURCH OF IRELAND; MEMORIALS OF S. PATRICK.

NOTICE.

FIVE years have now elapsed since Mr. ARTHUR HADDAN'S death, and the prospect of completing this portion of the work on the plan which he adopted, is as distant as ever. I have therefore recommended the Delegates of the Clarendon Press to issue the following sheets, which contain the matter introductory to the History of the Irish Church, and which constitute all the materials which had been prepared for publication when the work was broken off. The documentary remains of S. Patrick are, as it is believed, here given in their integrity; and no labour was spared in collating the MSS. which furnished the text.

WILLIAM STUBBS.

OXFORD,
April 3, 1878.

CONTENTS.

COUNCILS

OF

GREAT BRITAIN AND IRELAND.

VIII.

THE CHURCH OF IRELAND

FROM THE BEGINNING UNTIL THE ENGLISH CONQUEST,

A. D. 350 (?)–1175.

Period I.—*Before S. Patrick.* A.D. 350 (?)–440 (?).

Ad Scotos in Christum credentes ordinatus a Papa Cœlestino Palladius primus Episcopus mittitur. [Prosper., *Chron. in an.* 431 (A.D. 455 × 463).]

Period II.—*S. Patrick, and the first Order of Irish Saints.* A.D. 440 (?)–543.

Quem Deus misit ut Paulum ad Gentes Apostolum. [S. Secundin., *Hymn. in Laudem S. Patricii,* v. 27 (shortly before A.D. 448).]

Period III.—*S. Columba; Gildas; the Second Order of Irish Saints.* A.D. 543–599.

Hi ritum celebrandi missam acceperunt a sanctis viris de Britannia, scilicet a Sancto David, a S. Gilda, et a S. [Ca]doco. [Catal. Ord. SS. in Hibernia (c. A.D. 750).]

Period IV.—*The Third Order of Irish Saints. Easter Disputes. Missions.* A.D. 599–665.

Roma errat; Hierosolyma errat; Alexandria errat; Antiochia errat; totus mundus errat: soli tantum Scoti et Britones rectum sapiunt! [Cummian., *Epist. ad Segien.* (A.D. 634).]

Period V.—*Termination of Easter Disputes. Missions.* A.D. 665–795.

Hibernia insula Scottorum sanctis viris plena habetur. [Marian. Scot., *in an.* 674 (A.D. 1086).]

Period VI.—*Northman Invasions. Irish Teachers abroad.* A.D. 795–1014.

Quid Hiberniam memorem, contempto pelagi discrimine, pene totam, cum grege philosophorum, ad littora nostra migrantem? [Erric. Autission., *Præf. ad V. S. Germani* (c. A.D. 881).]

Period VII.—*Ostmen in Ireland Christianized. Canterbury claim over Irish Bishoprics. Settlement of Diocesan Episcopacy in Ireland.* A.D. 1014–1152.

Cantuariensis Ecclesia, totius Angliæ, Scotiæ, et Hiberniæ, necnon adjacentium insularum mater. [Eadmer, *Hist. Nov., I.* (A.D. 1122).]

Period VIII.—*Subjection of Ireland. Irish Church remodelled after the English pattern.* A.D. 1152–1175.

Insulas omnes [Papæ] sibi speciali quodam jure respiciunt. [Gir. Cambr., *Hibern. Expugnat. II.* 6; *Opp. V.* 320 (c. A.D. 1189).]

CHURCH OF IRELAND

FROM THE BEGINNING UNTIL THE ENGLISH CONQUEST,

A.D. 350 (?)-1176.

PERIOD THE FIRST.

CHRISTIANS IN IRELAND OR OF IRISH BIRTH, BEFORE S. PATRICK.
A.D. 350 (?)-440 (?).

c. A.D. 350 (?). *Mansuetus first Bishop of Toul, an Irish Scot* [a].

ACTA TULLENS. EPISC.—Mansuetus primus Tullensium Episcopus .... nobili Scotorum genere oriundus. [*ap. Martene et Durand., Thes. Nov. III.* 991.]

ADSO, *V. Mansueti* [end of 10th century] :—

Inclyta Mansueti claris natalibus orti
Progenies titulis fulget in orbe suis :
Insula Christicolas gestabat Hibernia gentes ;
Unde genus traxit, et satus inde fuit.

[*ap. Ussher, De Antiq. Brit. Eccl., XVI.; Works, VI.* 279.]

---

[a] So likewise Adso's prose *Life of S. Mansuetus* (*Bosquet, Hist. Eccl. Gallic. I.* ii. 23, sq.). See also *Ussher* (as above, pp. 296, sq.), *Calmet* (*Dissert.* prefixed to *Hist. Eccl. et Civ. de Lorraine,* p. xxvii., and *Preuves,* p. 86), *Todd* (*S. Patrick,* pp. 193, 194). Mansuetus was also the name of the first known Bréton Bishop, A.D. 461 (see above, p. 72). And Dr. Reeves notes, that it is given as the Latin equivalent for Fethgna in the *Martyr. Donegal.* p. 417.

A.D. 415, 416. *Cælestius the Pelagian an Irish Scot* [a].

PORPHYRIUS [c. A.D. 415], *ap. Hieron. ad Ctesiph.* [*Opp., IV.* ii. 481 ; as quoted above in vol. i. p. 12].

HIERON., *Comment. in Jerem., Prolog.* [c. A.D. 416].—Ut nuper indoctus calumniator erupit, qui Commentarios meos in Epistolam Pauli ad Ephesios reprehendendos putat. Nec intelligit, nimia

stertens vecordia, leges Commentariorum. . . . . Nec recordatur stoli-
dissimus, et Scotorum pultibus prægravatus, nos in ipso opere dixisse,
Non damus digamos, immo nec trigamos, nec, si fieri possit, octo-
gamos. [*Opp., III. 527.*]

ID. *ib. Lib. III., Præf.* [c. A.D. 416].—Ipseque [diabolus] mutus
latrat per Alpinum canem, grandem et corpulentum, et qui calcibus
magis possit sævire quam dentibus. Habet enim progeniem Scoticæ
gentis, de Britannorum vicinia: qui juxta fabulas poetarum, instar
Cerberi, spirituali percutiendus est clava, ut æterno cum suo magistro
Plutone silentio conticescat. [*Opp. III. 586.*]

[a] It seems the simplest interpretation of S. Jerom's words to refer them to Pelagius' coadjutor Cælestius. Pelagius himself is called a Briton by all authorities (S. Augustine, Prosper, Marius Mercator, Orosius, Gennadius). S. Jerom speaks of a "Scot" from the "neighbourhood of the Britons." Whether Cælestius was a Christian before he quitted Ireland is left uncertain. He wrote "ad parentes suos de monasterio," while still a young man (Gennad.); but it may be almost certainly taken for granted that the monastery in question was not in Ireland.

Before A.D. 431. *Christians in Ireland before Palladius, but Ireland as a country still Pagan* [a].

PROSPER AQUITAN., *Chron. in an.* 431. [A.D. 455 × 463].—Ad Scotos
in Christum credentes ordinatus a Papa Cælestino Palladius primus
Episcopus mittitur. [*Opp. I. 401, Bassani.*]

ID., *Cont. Collat. XXI.* [c. A.D. 432].—Ordinato Scotis Episcopo,
dum Romanam insulam [Cælestinus] studet servare Catholicam,
fecit etiam barbaram Christianam. [*Ib. I. 197.*]

[a] S. Jerom also (*Adv. Jovin. II.*) speaks of seeing in Gaul, when a very young man, "Scotos gentem Britannicam humanis vesci carnibus." Little stress can be laid on S. Chrysostom's words, who thrice speaks of τὰς Βρεταννικὰς νήσους in the plural as Christian (see above, vol. I. pp. 10, 11) at the end of the 4th century. For Irish native legends of Irish Christianity before S. Patrick, see note [b] to the next article.

A.D. 431. *Abortive Mission of Palladius to Ireland* [a].

PROSPER AQUITAN. [as in last article].

V. S. PATRICII [earlier than A.D. 807; prob. c. A.D. 700].—Certe
enim erat, quod Palladius, Archidiaconus Papæ Cælestini urbis Romæ
Episcopi, qui tunc tenebat sedem Apostolicam quadragesimus quintus
a Sancto Petro Apostolo, ille Palladius ordinatus et missus fuerat
ad hanc insolam sub brumali rigore possitam convertendam. Sed
prohibuit illum, quia nemo potest accipere quicquam de terra

[CHRISTIANS IN IRELAND BEFORE S. PATRICK.]

nisi datum ei fuerat de cœlo. Nam neque hii feri et immites homines facile receperunt doctrinam ejus, neque et ipse voluit transegere tempus in terra non sua ; sed reversus ad eum qui misit illum. Revertente vero eo hinc, et primo mari transito, cœptoque terrarum itenere, Britonum finibus vita factus [*leg.* functus]. [*Book of Armagh*, fol. 2. *a. a.*[b]]

---

[a] The *Vita Secunda* of S. Patrick, c. 23 (*Colgan*, *Tr. Thaum.* p. 13), makes Palladius die " in Pictavorum finibus," meaning " Pictorum," and at Fordun. The *Annotations* of *Tirechan* on the Life of S. Patrick (*Book of Armagh*, fol. 16. *a. a*), state, that Palladius was also called Patrick, and that " martyrium passus est apud Scottos," i. e. in Ireland. The Scholia on Fiacc's Hymn (*Colg. Tr. Th.* p. 5) take him expressly to Fordun (see above, in vol. I. p. 18). And the balance of evidence, such as it is, seems in favour of modern as against ancient Scotland, as the locality of his death or martyrdom. See Todd's *S. Patrick*, pp. 286-306; and Bp. Forbes, *Calendars of Scottish Saints*, pp. 427-430. The same *Vita Secunda* (c. 24, *Colg. Tr. Th.* p. 13), which is conjecturally dated c. A.D. 900, adds some particulars of his Irish proceedings, as that he landed among the Hy Garchon (in County Wicklow), built there three (wooden, so *IV. Mag.*) churches (which are named), and left, when he withdrew, some relics of SS. Peter and Paul and others, and a copy of the Old and New Testaments, which Pope Cælestine had given him, together with the tablets on which he himself used to write.

[b] The chief claim, of Irish origin, for the existence of an Irish Church before Palladius and S. Patrick, is in the eleventh century legends respecting the four Irish Munster Bishops, SS. Kieran, Ailbe, Declan, and Ibar, accepted by Colgan (*Tr. Th.* p. 250), and not rejected by Ussher (*Antiq. Brit. Eccl. XVI.; Works*, VI. 332, 342-348), but which Dr. Todd (*S. Patrick*, pp. 198-211) conclusively refutes ; some of these bishops being connected, in fact, with the Second Order of Irish Saints, and all of them dying in years between A.D. 500 and A.D. 600. The fourth of them, Ibar, is connected with S. Brigit by the Litany

of Aengus the Culdee, and by the hymn attributed to S. Brigit herself; as quoted in O'Curry's *Lectures on Materials of Anc. Irish Hist.*, *App. CXXIV.* pp. 615, 616. There are also one or two indirect allusions in the legendary Lives of S. Patrick, which cannot bear much stress, although of ancient origin, e. g. the alleged discovery of an " altare mirabile lapideum in monte nepotum Ailello," i. e. in a district of Co. Sligo (*Bk. of Armagh*, fol. 11 *b. a*), by S. Patrick; to which the *Vita Tripart. II.* 35 (*Colg. Tr. Th.* p. 134) adds a " stone cave of wonderful workmanship," and " four glass chalices." See Todd (*S. Patr.* pp. 221-224). An allusion also occurs in the Book of Armagh (fol. 17 *a. a*), quoted by Dr. Petrie (*Tara*, p. 47, in *Trans. of Royal Irish Acad.*, vol. xviii.), to a church of S. Colman at " Cluain Cain in Achud," which that Bishop gave over to S. Patrick, and which is presumed therefore to have been founded before S. Patrick came.

That Sedulius, the Christian poet of the 5th century, was a Scot, rests solely upon his name (= *Siudhul* or *Siadhal*, and supposed to be modernized into " Shiel "), and upon a confusion between him and two others of the same name who were undoubtedly Scots, viz. the Bishop Sedulius of the Roman Council of A.D. 721, and the author of the Commentary on S. Paul's Epistles (see Art. *Sedulius* in Smith's *Dict. of Ancient Biography*). Cathaldus, Bishop of Tarentum, was certainly an Irish Scot, but he lived in the 7th century at the earliest (see Todd, *S. Patr.* pp. 195, 196). The legend of Brynach the Irishman, who settled in Pembrokeshire or Brecknock early in the 5th century (*Lives of Welsh SS.*, pp. 1, sq.; *Rees*, *Welsh SS.*, 150, 156), hardly deserves mention.

PERIODS II, III, IV, A.D. 440 (?)–665. (*Introductory.*)

ANCIENT SKETCH OF THE EARLY HISTORY OF THE IRISH CHURCH [a].

ANON. [c. A.D. 750]. *Incipit Catalogus*[1] *Sanctorum* [2]*Hiberniæ,* secundum [3]*diversa tempora* [b].

First Order of Irish Saints, A. D. 440 (?)–543.
Primus Ordo [4]Catholicorum Sanctorum erat in tempore Patricii. Et tunc erant Episcopi omnes, clari et sancti et Spiritu Sancto pleni, [5]CCCL. numero, Ecclesiarum fundatores. Unum Caput Christum[6], et unum ducem Patricium, [7]habebant; unam[8] missam, unam celebrationem, unam tonsuram ab aure usque ad aurem sufferebant. Unum' Pascha, [9]quarta decima luna' post æquinoctium vernale, celebrabant; et quod excommunicatum esset ab una Ecclesia, omnes excommunicabant. [10]Mulierum administrationem et consortia non respuebant'; quia super petram Christi fundati, ventum tentationis non timebant. Hic Ordo Sanctorum per quaterna duravit regna; hoc est, [11]pro tempore Læogarii[12], et [13]Aila Muilt', et [14]Lugada filio Læogarii', et [15]Tuathail. [16]Hi omnes Episcopi de Romanis[c] et Francis et Britonibus et Scotis exorti sunt'.

Second Order of Irish Saints, A D. 543–599.
Secundus[17] ordo[18] Catholicorum presbyterorum'. In hoc enim[19] Ordine pauci erant Episcopi et multi presbyteri, numero CCC. Unum Caput Dominum[20] nostrum habebant'; [21]diversas missas celebrabant', et diversas regulas[22]: unum Pascha quartadecima luna [23]post æquinoctium, unam tonsuram ab aure ad aurem'. [24]Abnegabant mulierum administrationem, separantes eas a monasteriis'. Hic Ordo per quaterna adhuc regna duravit; [25]hoc est', ab extremis [26]Tuathail, et per totum Diarmata Regis

---

[1] Ordinum, *add.* F.   [2] in Hibernia, F.   [3] divisa, F.   [4] *om.* F.   [5] quadringenti quinquaginta, F.   [6] colentes, *add.* F.   [7] sequentes, F.   [8'] tonsuram habentes, et unam celebrationem missæ, et unum, F.   [v] scilicet, F.   [10'] Nec laicos nec foeminas de Ecclesiis repellebant, *var. rea l. given by Ussher.*   [11] a. F.   [12] filii Neil, qui regnavit XXXVII. annis, *add.* F.   [13'] Ailildi cognomento Molt, qui XXX. annis regnavit, F.   [14'] Lugadii, qui VII. regnavit, F.   [15] et hic Ordo Sanctorum usque ad tempora extrema Tuathalii, cognomento Moel Garbh, duravit, F.   [16'] Illi . . . sunt, *om. F. et add.,* sancti Episcopi omnes permanserunt.   [17] vero, *add.* F.   [18'] Sanctorum talis erat, F.   [19] secundo, *add.* F.   [20'] colentes, F.   [21'] diversos celebra idi ritus habebant, F.   [22] vivendi. et, *add.* F.   [23'] celebrabant; et hi uniformem tonsuram, scilicet ab aure usque ad aurem, faciebant, F.   [24'] Mulierum quoque consortia ac administrationem fugiebant, atque a monasteriis suis eas excludebant, F.   [25'] scilicet, F.   [26'] Tuathalii cognomento Moel Garbh temporibus, et XXX. annos quibus Dermitius Mackearvail regnavit, et pro tempore quo duo nepotes Muredachi qui VII. annis regnaverunt, et pro tempore quo Aidus filius Anmirei qui XXX. annos regnavit, F.

regnum, et duorum Muredaig nepotum, et Ædo filii Ainmerech'. [1] A Davide Episcopo et Gilla et a Doco Britonibus missam accepeiunt. Quorum nomina hæc sunt': [2] duo Finiani, duo Brendani, Jairlaithea Tuama, Comgallus, Coemgenus, Ciaranus, Columba, Cainecus, Eogenius Mac Laisreus, Lugeus, Ludeus, Moditeus, Cormacus, Colmanus, Nesanus, Laisreanus, Barrindeus, Coemannus, Ceranus, Comanus, [Endeus, Ædeus, Byrchinus,]' et alii multi [3].

Third Order of Irish Saints, A.D. 599–665. Tertius Ordo Sanctorum erat talis. Erant 'presbyteri sancti, et pauci Episcopi, numero centum : qui in locis desertis habitabant, [5] et oleribus et aqua et eleemosynis [[6] fidelium] vivebant, [7] propria devitabant, et' diversas regulas et [8] missas habebant, et diversam [9] tonsuram ([10] alii enim habebant coronam, [11] alii cæsariem), et [12] diversam solemnitatem Paschalem [13] (alii enim [14] Resurrectionem XIV. luna [15] vel XVI., cum duris intentionibus', celebrabant). [16] Hi per [17] quaterna regna [18] vixerunt ; hoc est, [19] Æda Allain (qui tribus annis, [20] pro cogitatione mala', tantum regnavit), et [21] Domnail, et filiorum Mailcobi et Æda' Slaine [22] permixta tempora ; et' usque ad mortalitatem illam magnam [23] perduraverunt. [24] Hæc sunt' nomina [25] eorum : Petranus Episcopus, Ultanus Episcopus, Colmanus Episcopus, [26] Murgeus Episcopus', Ædanus Episcopus, [27] Lomanus Episcopus, Senachus Episcopus,—hi [28] sunt Episcopi [29] ;—et alii plures. Hi vero presbyteri : Fechinus presbyter, Airendanus, Failanus, [30] Comanus, [31] Commianus, Colmannus, Ernanus, Cronanus ; et alii [32] plurimi [33] presbyteri.

[34] Nota, quod primus Ordo erat [35] sanctissimus ; secundus, [36] sanctus sanctorum' ; tertius, sanctus. Primus sicut sol in fervore claritatis calescit ; secundus sicut luna pallescit ; tertius sicut aurora splendescit. Hos tres Ordines beatus Patricius, superno oraculo edoctus,

---

[1]' Hi ritum celebrandi missam acceperunt a sanctis viris de Britannia, scilicet a S. David, et a S. Gilda, et a S. Deco. Et horum nomina sunt hi ; scilicet, F. [2]' Finnianus, Endeus. Colmannus, Congallus, Ædeus, Queranus, Columba, Brandanus, Bricyninus, Cainnechus, Caimginus, Lasreanus, Lasreus, Lugeus, Barrideus, F. Lasreus is given as an alternative for Lasreanus, in the *Cod. Salmantic.* [3] qui erant de secundo gradu Sanctorum, *add.* F. [4] enim, *add.* F. [5] hi, F. [6] *add.* F. [7]' et omnia terrena contemnebant, et omnem susurrationem et detractionem penitus evitabant. Hi, F. [8] diversos celebrandi ritus, F. [9] etiam, *add.* F. [10] aliqui. F. [11] aliqui, F. [12] hi, *add.* F. [13] habebant, *add.* F. [14] om. F. [15]' alii XIII., F. [16] Hic Ordo, F. [17] quatuor, F. [18] duravit, F. [19] pro tempore Aidi, F. [20]' om. F. [21]' per tempora Moelcavæ, et pro tempore Aidi, F. [22]' et hic Ordo, F. [23] duravit, F. [24]' Quorum, F. [25] sunt hi, F. [26]' om. F. [27] Lompnanus, F. [28] om. F. [29] omnes, *add.* F. [30] om. F. [31] Cumenianus, F. [32] om. F. [33] plures, F. [34]' The paragraph, *Nota . . . conspexit,* stands thus in the earlier of the MSS. used by Ussher—Primus Ordo sanctissimus, secundus Ordo sanctior, tertius sanctus. Primus sicut sol ardescit, secundus sicut luna, tertius sicut stella. The text is here taken from Ussher's 2nd MS., and alludes to a vision of S. Patrick described in Jocelyn's Life. [35] sanctus sanctissimus. F. [36]' sanctior, F.

intellexit; cum in visione illa prophetica vidit totam Hiberniam flamma ignis repletam, deinde montes tantum ardere, postea lucernas ardere in vallibus conspexit.

ᵃ Printed by Ussher (*Brit. Eccl. Antiq.* XVI., *Works*, VI. 477-479), from two MSS., from the earlier of which he gives the first three paragraphs as above printed, and adds to the fourth its longer form from the other and later one. Another form of the same document was subsequently printed by Fleming (*Collect.* pp. 430, 431) from another MS., of which the various readings are given here, marked *F*. There is a copy of it in the *Codex Salmanticensis*, fol. 78 b. a (a MS. vol. of Lives of Irish Saints, in the Burgundian Library at Brussels); which was probably among Fleming's authorities, as its readings appear to agree almost exactly with his: if we may judge by an extract kindly communicated by Dr. Reeves. It appears to have been appended to MS. Lives of SS. Keramus and Finnianus. O'Conor (*Rer. Hib. Scriptt. II.* 162-165) reprints it after Fleming: and Dr. Todd (*S. Patrick*, pp. 88, 89) translates it from Ussher. It has been conjecturally attributed to Tirechanus, but is at all events not later than the middle of the 8th century. See Todd (as above), and Reeves (*ad Adamn. Add. Notes*, p. 334 *n*): and for a full commentary upon it, see Ussher and Todd as above quoted.

ᵇ The following list of the Kings named in the document or included within its range (from *Ussher*, as above, pp. 514, 515, and *Todd*, p. 256), and of their probable dates, will supply the proof of the chronology above given; with the addition, that A.D. 440 is taken for the commencement, as the most probable approximation to the date of S. Patrick's mission, and A.D. 665 for the termination, as being the year of the death, by the great plague, of Kings Blathmac and Diarmait; that plague raging in England,

A.D. 664, according to Bede (*H. E., III.* 27).

Period I. (1) Laoghaire Mac Neil, A.D. 428-463. (2) Oilioll Molt, A.D. 463-483. (3) Lugaidh Mac Laoghaire, A.D. 483-508. [Interregnum, A.D. 508-513.] (4) Muirchertach Mac Erc, A.D. 513-533. (5) Tuathal Mac elgarbh, A.D. 533-544.

Period II. (1) Diarmait, A.D. 544-565. (2) Domhnall and Fergus, sons of Muirchertach Mac Erc, A.D. 565, 566. (3) Baotan and Eochaidh, A.D. 566-568. (4) Ainmire Mac Sedna, A.D. 568-571. (5) Another Baotan, A.D. 571, 572. (6) Aodh Mac Ainmerech, A.D. 572-599. [Ussher inverts the order of (3) and (4) and omits (5).]

Period III. (1) Aodh Sláine and Colman Rimhe, A.D. 599-605. (2) Aodh Uariodhnach, A.D. 605-612. (3) Maolcobha, son of Aodh Mac Ainmerech, A.D. 612-615. (4) Suibhne Meann, A.D. 615-628. (5) Domhnall, son of Aodh Mac Ainmerech, A.D. 628 642. (6) Cellach and Conall Caol, A.D. 642-658. (7) Blathmac and Diarmait, sons of Aodh Sláine, A.D. 658-665.

O'Conor's dates differ slightly; and those given in Fleming's copy of the document itself, considerably. But the Annals, which are Ussher's and Todd's authorities, are the better evidence.

ᶜ It appears by this, that Roman ecclesiastics were among S. Patrick's company; although the language of the Hymns of S. Sechn. ll and of S. Fiacc, and of S. Patrick's own *Confessio*, and the silence of Prosper, besides chronological difficulties, disprove, upon purely historical grounds, the supposed mission from Rome of S. Patrick himself; which first appears in the *Scholia* on *S. Fiacc's Hymn.* See Todd at length.

PERIOD THE SECOND.

S. PATRICK, AND THE FIRST ORDER OF IRISH SAINTS, A.D. 440(?)–543.

[A.D. 440[a]. Probable date of the mission to Ireland of S. Patrick : (who is described by himself as " Hiberione constitutus Episcopus" [*Conf. S. Patric.*], and by a contemporary as " Episcopus Scotorum" [*Title* of *S. Sechnall's Hymn*] ; then as " Archipostulus Scotorum" [*Ann. Ult.*] ; but, in later times, as " Ab Eireann uile," *Abbat of all Ireland* [*Flann of Monasterboyce*, ob. A.D. 1066, *IV. Mag. in an.* 432], and as " Airdeaspuc, Ceitt Priomaid, ⁊ Ardapstol Ereann," *Arcbbisbop, First Primate, and cbief Apostle of Ireland* [*IV. Mag. in an.* 493].)

A.D. 445. Alleged date of the foundation of Armagh (*Ann. Ult.*—A.D. 457, *IV. Mag.*).

A.D. 448. Death of S. Sechnall, or Secundinus, of Domhnach Sechnall or Dunshaughlin, co. Meath (*Ann. Ult.*), who "primus Episcopus sub humo Hiberniæ exivit" (*V. S. Declan.*). •

After A.D. 448. S. Fiacc made Bishop of Sletty (Queen's County).

A.D. 460. Death of Auxilius (of Killossy, co. Kildare) ; A.D. 468, of Benignus (of Armagh) ; A.D. 469, of Isserninus (of Kilcullen, co. Kildare): acc. to *Ann. Ult.*

c. A.D. 480. Nunnery founded at Kildare by S. Brigit.

A.D. 493. "Patricius archipostulus Scotorum quievit" (*Ann. Ult.*, so also *IV. Mag.*).

A.D. 500. Death of S. Ibar, of Begerin, co. Wexford (*Ann. Ult.*, &c.).

A.D. 523, 5, or 7. Death of S. Brigit (*Ann. Ult., IV. Mag.*).

A.D. 530. Clonard founded by S. Finnian of Clonard (co. Meath).

A.D. 534 (535) or 536 (537). "Dormitatio Moctai" (of Louth) " discipuli Patricii" (*Ann. Tigb., Ult.*).

A.D. 540. Maghbile (Moville, co. Down) founded by S. Finnian of Maghbile.]

---

[a] These dates are of course not given as more than conjectural and near the truth. Both Tillemont and Todd select A.D. 440 for S. Patrick's mission, as being at a reasonable interval after the certain date of Palladius, A.D. 431, besides its agreement with all the evidence, except the unhistorical statement of S. Patrick's own mission by Celestine. The other dates also in the above list are uncertain, being variously given in the different Annals.

INCIPIUNT LIBRI SANCTI PATRICII[a].

[1. *Shortly before* A.D. 493 (?). INCIPIT CONFESSIO S. PATRICII.]

1. Ego Patricius, peccator rusticissimus et minimus omnium fidelium et [1]contemptibilis sum' apud plurimos. Patrem habui [2]Calpornum [3]diaconum, filium [4]quendam Potiti [5]filii Odissi' presbyteri qui fuit [6]vico [7]Bannauem Taberniæ, [8]villulam enim prope habuit, ubi ego [9]capturam dedi.' Annorum eram tunc fere xui : Deum [10]verum ignorabam, et Hyberione [11]in captiuitate adductus sum' cum tot [12]milia hominum, secundum merita nostra quia a Deo recessimus, et precepta Eius non custodiuimus, et sacerdotibus nostris [13]non

---

[1] contemptibilissimus, C.F₁.F₃.B. [2] Calpornium, C.F₃.B. Calpurnium, F₁. [3] diaconem, C.F₁.F₃.B. [4] quondam, C.F₁.F₃.B. [5] om. C.F₁.F₃.B. The two words are added in the margin of the Book of Armagh. [6] in. add. C.F₃.; e, add. F₁.B. [7] Banauem, C.F₁.F₃.; Banaven, B. [8] villam, F₁F₃.B. [9] in captbram decidi, correxit B. [10] enim, add. C.F₁.F₃.B. [11] a. s. in c., B. [12] milib, F₃. (on erasure); millibus, B. [13] inobedientes, C.F₁.F₃.B.

---

[a] The text of the *Confessio* is taken from the Book of Armagh, fol. 22 *a. a*, sq.: with various readings and additions from three other MSS., Cott. MS. Nero E. I. fol. 167, sq. (C.), Fell MSS. Bodl. vol. I. fol. 7 *a* 11 *b* (F₁), and vol. III. fol. 158 *a*–164 *a* (F₃), both of which were formerly in the library of Sarum Cathedral; and from the *Acta SS.*, March 17, vol. II. pp. 533, sq., which follows a fourth MS., then at S. Vedast's at Noialle near Arras (B). Of these five MSS., that in the Book of Armagh was transcribed before A.D. 807, from a MS. alleged to have been written by S. Patrick himself, and at that time difficult to decipher, probably from its antiquity (so far the MS. itself states, and see for the date. Dean Graves in the *Trans. of Royal Irish Academy. III.* 316; Petrie, *Essay on Tara*, p. 107; Todd's *S. Patrick*, pp. 288, 346–349; Dr. Reeves, *Eccl. Antiq. of Down*, &c., p. 224). It was also written at Armagh itself. It has therefore the strongest external evidence to the genuineness of its text. It is also marked unmistakeably by the peculiarities of early Irish Latin. On the other hand, its marginal notes, indicating uncertainty and incompleteness (see below, note 6 on p. 297), and the phrases *et cetera, et reliqua*, which occur in some places of it, point to its being an abridgment of the original (as Dean Graves seems rightly to argue), and also to its having a text more or less corrupt. And this is confirmed by the fact, that in the other four MSS., long passages occur in the later half of the tract, and almost equal in length to the remainder of it, which are not in the Book of Armagh, yet bear no sign of want of genuineness, and are in sense hardly separable from the context. The text, however, of these MSS., especially that of B, has been improved in grammar, while all four, but especially C, F₁, and F₃ (of which the last is corrected throughout by a better Latinist than its original scribe), present independent copies of the same original; and that both more correct in language, and fuller, than the Armagh text. These three are of the 11th century. The title above given is from the Cotton MS. The tract was first printed in Sir J. Ware's *Opuscula S. Patricio Ascripta* in 1656, from the first four of the above-mentioned MSS.; next, in the *Actt. SS.* (as above) in 1668, from the S. Vedast MS.; then by O'Conor, *Rer. Hib. Script. I.* cvii. in 1814, from the Cotton MS., corrected by the Book of Armagh; by Sir W. Betham, *Irish Antiq. Researches, P. II.* in 1827, from the Book of Armagh, but inaccurately; and by Villanueva, *Opusc. S. Patricii*, p. 184, in 1835, from the *Actt. SS.* It is also in Migne's *Patrologia.* The Bollandists "improve" S. Patrick's Creed, as well as his Latin, by inserting the *Homo-ousion* into it, which is absent in all the other MSS. (it is, however, in S. Sechnall's Hymn, l. 88, below p. 326), besides other minor alterations. Several unimportant corrections of mere spelling in F₁.F₃. have been left unnoticed in the various readings.

[CONFESSIO S. PATRICII.]

oboedientes' fuimus, qui nostram salutem admonebant. Et Dominus induxit super nos iram [1] animationis Suæ, et dispersit nos in gentibus multis, etiam usque ad ultimum terræ, ubi nunc paruitas mea [2] esse videtur' inter [3] alenigenas; et [4] ibi Dominus aperuit [5] sensum incredulitatis meæ,' ut vel [6] sererem orarem dilicta' mea, et ut [7] confirmarem toto corde ad Dominum meum, Qui respexit humilitatem meam, et missertus est [8] adoliscentiæ ignorantiæ meæ,' [9] et custodiuit me, antequam [10] scirem Eum, et antequam' saperem vel distinguerem inter bonum et malum, et [11] muniuit me et [12] consulatus est [13] mei, ut pater filium. Unde [14] autem tacere non possum, neque expedit [15] quidem, tanta beneficia et tantam gratiam, quam mihi [16] dignatus [17] in terra captiuitatis meæ: quia hæc est retributio nostra, ut post [18] correptionem vel agnitionem [19] Dei [20] exaltare, et [21] confiteri mirabilia Eius coram omni natione, quæ [22] est sub omni caelo.' [23] Quia non' est alius Deus, nec umquam fuit, [24] nec ante,' nec erit post hunc, praeter [25] Deum, Patrem ingenitum, sine principio, a Quo est omne principium; [26] omnia tenentem,' ut [27] dicimus: et [28] Eius Filium Jesum Christum, [29] Qui cum Patre scilicet [30] semper fuisse testamur' ante originem saeculi spiritualiter apud Patrem, [31] inerrabiliter genitum ante omne principium, [32] et per Ipsum facta sunt vissibilia [33]; [34] hominem [35] factum [36] morte devicta' in cælis [37]; et dedit Illi omnem potestatem super omne nomen cælestium [38] et terrestrium et infernorum, [39] et omnis lingua confiteatur [40] Ei quia Dominus [41] et Deus est Jesus Christus [b]:' Quem credimus, et expectamus aduentum, [42] mox [43] futurum [44] iudex uiuorum atque mortuorum,

[1] indignationis, F₁.F₃.B. (C. *om.* iram i. S., et d. nos).   [2]' v. e., C.F₁.F₃.B.   [3] alienigenas, C.F₃.B.; alienienas, F₁.   [4] ubi, C.F₁.F₃.B.   [5]' sensus cordis mei incredulitatis, C.F₁.; sensus c. mee i., F₂.; sensum incredulitatis c. mei, B.   [6]' sero rememorarem delicta, C.F₁.F₃.B. (A mark in the margin of the Book of Armagh, makes this passage as difficult to decipher. Dr. Graves supposes it to stand for ζ, = ζητεῖτε. There is another mark also attached to some passages, indicating omission, viz. .∴= *dele*).   [7] conuerterer, C.F₁.F₃.; me conuerterem ex, B.   [9] *om.* B. [8]' adulescentie mee et ignorantie, C.F₁.F₃.; adolescentiæ et ignorantiæ meæ, B.   [9] *om.* B.
[10]' *om.* B.   [11] monuit, C.F₁.F₃.B.   [12] consolatus, C.F₁.F₃.B.   [13] me, C.F₁.F₃.B.   [14] ego, *add.* B.   [15] *om.* B.   [16] Dominus prestare, *add.* C.F₁.F₃.B.   [17] est, *add.* C.F₁.F₃.B.
[18] correctionem, F₃.   [19] Domini, C.   [20] exaltaremur, C.F₁.F₃.B.   [21] confiteremur, C.F₁.F₃.B.   [22]' sub celo est, B.   [23]' Non enim, B.   [24] *om.* C.F₁.F₃.   [25] Dominum, B.
[26]' o. tenens, F₁.: B. *om. from* omnia *to* ante omne principium, *by an homœoteleuton.*   [27] diximus, F₁.   [28] Huius, C.F₁.F₃.   [29] Quem, C.F₁.F₃.   [30]' f. s. t., C.F₁.F₃.   [31] inenarrabiliter, C.F₁.F₃.   [33] *om.* C.F₁.F₃.B.   [33] et inuisibilia, *add.* C.F₁.F₃.: et inuisibilia, Qui Filium sibi consubstantialem genuit, *add.* B.   [34] Homo, F₁.; Hominum, C.   [35] factus, F₁.   [36]' d. m., C.F₁.F₂.; et victa morte, B.   [37] ad Patrem receptum, *add.* C.F₃.B.; ad P. receptus, *add.* F₁.   [38] *om.* B.   [39] ut, C.F₃.B.   [40] Ei, *om.* C.F₁.F₃.B.   [41]' Jesus Christus in gloria est Dei Patris, B.   [42] Ipsius, *add.* C.F₁.F₃.B.   [43] futurus, F₃. (*on erasure*).   [44] iudicem, B.

[b] Phil. ii. 9–11 (not Vulg.). See, for these quotations from the Bible, above in vol. i. pp. 180, 181.

[CONFESSIO S. PATRICII.]

Qui reddet unicuique secundum facta sua: et [1]effudit in uobis habunde [2]Spiritum Sanctum' donum et pignus immortalitatis; Qui facit credentes [3]ac oboedientes ut sint filij Dei [4]et coheredes Christi', Quem confitemur et [5]adoramus unum Deum' in Trinitate [6]sacri nominis: Ipse enim dixit per Prophetam, "[7]Inuoca Me in die tribulationis tuæ, et liberabo te, et magnificabis Me[c]." Et iterum inquit: "Opera autem Dei reuelare et confiteri honorificum est[d]." Tamen, et si in multis inperfectus sum, opto [8]fratribus et cognatis meis' scire qualitatem meam, ut possint [9]perficere votum animæ meæ. Non [10]ignoro testimonium Domini mei, Qui in Psalmo testatur: "Perdes [11]eos qui loquntur mendacium[e]." Et iterum inquit: "Os quod mentitur occidit animam[f]." Et [12]idem Dominus[13]: "Verbum otiossum quod locuti fuerint homines, reddent [14]rationem de eo' in die iudicii[g]." Unde [15]autem vehementer' cum timore et tremore metuere hanc sententiam in die illa, ubi nemo se poterit subtrahere vel abscondere; sed omnes omnino reddituri sumus rationem etiam minimorum peccatorum [16]ante tribunal [17]Domini Christi.' Quapropter ollim cogitaui scribere, sed [18]et usque nunc hessitaui: timui enim ne [19]incederem in' linguam hominum: [20]quia non dedici' sicut caeteri, qui optime [21]itaque jure et sacras literas utroque pari modo combiberunt' et [22]sermones illorum' ex infantia numquam [23]motarunt; sed magis ad perfectum semper addiderunt: nam sermo et [24]loquela [25]mea translata est in linguam alienam. [26]Sicut facile potest probari [27]exaliue scripturæ meæ qualiter [28]sum ego' in sermonibus instructus atque eruditus: quia, inquit Sapiens, "Per linguam [29]dignoscetur [30]et sensus, et scientia, et doctrina [31]veritatis[h]." Sed [32]quid prodest excussatio iuxta veritatem, præsertim cum præsumptione, [33]quatinus modo ipse adpeto

---

[1] infudit, C.F₁.F₃.B.   [2] Spiritus Sancti, C.F₁.F₃.B.   [3] et, C.F₁.F₃.   [4] Patris et c. Christi, C.F₁.F₃.; Patris, B.   [5] u. D. a., B.   [6] sacrosancti, B.   [7] Inuocabis, B. [8] fratres et cognatos meos, C.F₁.F₃.   [9] perspicere, C.F₁.F₃.B.   [10] enim, add. B.   [11] om. C.; eos omnes, B. *And* F₁.F₃. *om.* inquit *in the next line.*   [12] isdem, C.F₃.   [13] in Euangelio inquit, *add.* C.F₁.F₃.B.   [14] pro eo rationem, C.F₁.F₃.   [15] autem uehementer debueram, C.F₁.F₃.; ego deberem uehementer, B.   [16] nostrorum, *add.* B.   [17] Christi D., C.F₁.F₃.; Domini nostri Iesu Christi, B.   [18] om. C.F₁.F₃.B.   [19] incederem, C.F₁.F₃.; inciderem in, B.   [20] et quia non legi, C.F₃.; et qui legi, F₁.; quia non legi, B.   [21] i. iure et s. l. utraque p. m. combiberunt, C.F₁.F₃. (*but with* combiberunt *in* F₃. *on erasure*); sacris litteris sunt imbuti, B.— Incertus liber hic, *add. in marg. of Bk. of Armagh.*   [22] sermonem illorum, C F₁.F₃.; studium suum, B.   [23] mutauerunt, C F₁.F₃.B.   [24] lingua, B.   [25] nostra, C.F₁.F₃.B.   [26] sed, B. [27] ex saliua, C.F₁.F₃ B.   [28] e. s., B.   [29] dinoscitur, C.F₁.F₃.B.   [30] om. B.   [31] uarietatis, C.F₁.F₃.   [32] om. C.F₁.F₃.B.   [33] ut, B.

[c] Ps. l. 15.   [f] Wisd. i. 11.
[d] Tobias xii. 7.   [g] Matt. xii. 36.
[e] Ps. v. 6.   [h] Ecclus. iv. 24.

in senectute [1]mea, quod in iuuentute' non comparaui; [2]quod obstiterunt' vt confirmarem, [3]quod ante [4]perlegeram; sed [5]si quis [6]me [7]credidit? Et si dixero, quod ante præfatus sum; [8]adoliscens, immo pene puer [9]inuerbis, capturam dedi, antequam scirem quid [10]peterem vel quid' [11]adpeterem vel quid vitare debueram. Unde [12]ergo hodie erubesco et vehimenter [13]pertimeo denudare imperitiam meam, quia [14]non deeritis' breuitate [15]sermone explicare [16]nequeo, sicut enim spiritus [17]gestit et [18]animas, et sensus [19]monstrat adfectus: sed si [20]itaque datum mihi' fuisset sicut [21]et caeteris; verum tamen non silerem, propter retributionem. Et, si forte videtur apud aliquantos me in hoc præponere cum mea [22]inscientia et tardiori [23]lingua, [24]sicut scriptum est [25], " Linguæ balbutientes velociter [26]discent loqui' pacem [i] :" quanto magis [27]nos adpetere debemus, qui sumus [28]nos aepistola Christi [29]in salutem' usque ad ultimum terræ [k], et si non [30]deserta, sed [31]ratum fortissimum scriptum' in cordibus [32]vestris, non atramento sed Spiritu Dei viui [l]; [33]et iterum Spiritus testatur, et' "[34]Rusticationem ab Altissimo creata est [m]." [35] Unde [36]ego primus rusticus,' profuga, indoctus [37]scilicet, qui nescio' in posterum [38]prouidere. Sed [39]illud scio' certissime, quia vtique, priusquam humiliarer, ego eram velut lapis, qui iacet in luto profundo, et [40]venit Qui potens est, et in Sua missericordia sustulit me : et quidem scilicet sursum adleuauit, et collocauit me in [41]sua parte.' Et inde fortiter debueram exclamare ad [42]retribuendam quoque aliquid Domino pro tantis beneficijs Eius, hic et in aeternum, quæ mens [43]hominum æstimare non potest. Unde autem ammiramini, [44]magni et pusilli [45], et vos [46]dominicati qui timetis Deum, rethorici :'

---

[1] *om.* C.   [2]' quia o., C.F₁.F₃.; *and* F₁.F₃. *add.* peccata mea; o. enim, B.   [3] quodque, C.F₁.F₃.   [4] non, *add.* C.F₁.F₃.B.   [5] *om.* C.F₁.F₃.B.   [6] mihi, B.   [7] credit, C.F₁.F₃.B. [8] aduliscens, C.; adhuliscens, F₁.; adolescens, F₃.B.   [9] (=imberbis); in uerbis, B.   [10]' *om.* C.F₁.F₃.B.   [11] adpetere, B.   [12] ego, B.   [13] pertimesco, B.   [14]' non possum dᵉ deeritis, *in the Arm. MS.*; disertis, F₃.; desertis, C.F₁.; diserti, B.   [15] sermonis, F₃. (*on erasure*), B.   [16] non possum, B.   [17] gessit, C.F₁.F₃.   [18] animus, C.F₁.F₃.B.   [19] monstrare, F₁.; monstrat et, B.   [20]' ita mihi datum, B.   [21] *om.* F₃.   [22] inscitia, C.   [23] lingue, C.F₁.   [24] sed etiam, C.F₁.F₃. (*om.* B.).   [25] enim, *add.* C.F₁.F₃.B.   [26]' l. d., B.   [27] non, B. [28] inquit, C.; inquid, F₁.F₃.; *om.* B.   [29]' *om.* B.   [30] diserta, B.   [31]' r. et f. scripta, C.F₁.; rata et fortissima scripta, F₃.; B *bas* scripta *only, but with a blank preceding it.*   [32] nostris, C.F₁.F₃   [33]' *om.* B.   [34] Rusticitatio, C.F₃.; Rusticatio, F₁.B.   [35] teste eodem Spiritu Dei uiui, *add.* B.   [36]' ego p. rusticius, C..F.; ergo p. r., F₁.; ego primum rusticus, B. [37]' qui scilicet nescit, B.   [38] præuidere, B.   [39]' scio illud, C.F₁.F₂.; illud, B. (*om.* scio). [40] veniens *in the Arm. MS., with* t *under the* i.   [41]' summo parietc, C.F₁.F₁.B.   [42] retribuendum, F₃. (*on erasure*), B.   [43] humana, B.   [44] itaque, *add.* F₁.F₃.   [45]' qui timetis Dominum, *add.* C.B.; q. t. Deum, F₁.F₃.   [46]' domini ignari nethorici, C.F₃.; d. i. rethorici, F₁.; d. i. rhetorici, B.

[i] Isai. xxxii. 4.   [l] 2 Cor. iii. 2, 3.
[k] Acts xiii. 47.   [m] Ecclus. vii. 15.

[CONFESSIO S. PATRICII.]

audite [1] et scrutamini, Quis me stultum excitauit de medio eorum,
qui videntur [2] esse sapientes et leges periti,' et potentes in sermone
et in omni re. Et me quidem, [3] detestabilis huius mundi, præ
cæteris inspirauit, [4] si talis essem; dummodo [5] autem ut cum metu et
reuerantia et sine querella fideliter [6] genti, ad quam caritas Christi
transtulit [7] et donauit me in vita mea, si dignus fuero, denique vt
cum [8] omni humilitate et naturaliter deseruirem [9] illis. In mensura
itaque [10] fidei Trinitatis [11] oportet distinguere, sine reprehensione
periculi notum facere donum Dei, et consulationem æternam, [12] sine
timore fiducialiter Dei nomen [13] ubique expandere, [14] ut etiam post
obitum meum [15] ex a Gallias' relinquere fratribus et filijs meis, quos
[16] in Domino ego babtizaui,' tot [17] milia hominum; [18] et non [19] eram
dignus, neque talis vt hoc Dominus [20] seruulo Suo concederet; [21] post
[22] erumpnas [23] et tantas moles,' post captiuitatem, post annos multos,
in [24] gentem illam,' tantam gratiam mihi donaret, quod [25] ego aliquando' in iuuentute mea [26] numquam speraui' neque cogitaui. Sed
postquam Hiberione deueneram, cotidie [27] itaque pecora pascebam,
et [28] frequens in die orabam, [29] magis ac magis accedebat [30] amor
Dei, et timor [31] Ipsius et fides augebatur, et Spiritus [32] agebatur, vt in
die una usque ad centum orationes, [33] et in nocte prope similiter:
[34] ut etiam in siluis [35] et monte' manebam, [36] ante lucem [37] excitabar
ad orationem per niuem, per gelu, per [38] pluiam; et nihil mali sen-
tiebam neque ulla pigritia erat in me, sicut modo video: quia
tunc [39] Spiritus in me' feruebat. Et ibi scilicet [40] quadam nocte in
somno audiui vocem dicentem mihi: Bene iciunas, cito iturus ad
patriam tuam [41]. Et [42] iterum post paululum tempus [43] audiui responsum dicentem' mihi: Ecce nauis tua parata est. Et [44] non erat
prope: sed forte [45] habebat .cc. milia passus: et ibi numquam

---

[1] ergo, *add.* C.F₁.F₃.B.   [2] s. esse et legisperiti, C.F₁.F₂.B.   [3] detestabilem, C.F₁.F₃.B.
[4] etsi, B.   [5] *om.* B.   [6] prodessem, *add.* C.F₁.F₃.B.   [7] ut, C.F₁.   [8] *om.* C.F₁.F₃.
[9] Illi, F₃.B.   [10] quæ, *add.* B. (*which also joins* in mensura *to the preceding sentence*).   [11] sunt,
add. B.; *and* et *before* sine.   [12] ac, *add.* B.   [13] nomine, *add.* C.F..   [14] et, B.   [15] ex
Gallias, C F₁.; ex Gallicis, F₃.; *om.* B. (Incertus liber, *marginal note in Book of Armagh.*)
[16] e. in D. b., C.B.; e. b. in D., F₃.F₃.   [17] millia, B.   [18] etsi, B.   [19] etiam, F₁.F₂.
[20] seruo, B.   [21] et, *add.* B.   [22] erumnas, C.B.   [23] et tante molis, C.F₁.F₂.; tantæ
molis, B.   [24] gente illa, B.   [25] a. e., B.   [26] nonquia desperaui, C.F₁.F₃.   [27] igitur,
C.F₁.F₃.; *om.* B.   [28] frequent., F₃. (*on erasure*).   [29] magisque, B.   [30] timor, F₁.F₃.
[31] Illius, C.F₁.B.; illis, F₃.   [32] augebatur, F₃.B.   [33] facerem, *add.* B., *but not in their MS.*
[34] et, B.   [35] et in mente, C.; et in nñte, F₁.   [36] et, *add.* C.F₁.F₃.B.   [37] exercitabar,
C.F₁.F₃.   [38] pluuiam, C.F₁.F₃.B.   [39] in me S., C.F₁.F₃.B.   [40] quidam, C.   [41] et
terram, *add.* C.F₁.F₃.   [42] *om.* C.F₁.F₃.   [43] a. r. dicens, F₃. (*on erasure*); r. a. dicens, B.
[44] *om.* C.F₁.F₃. *and MS.* of B.   [45] aberat, B.

[CONFESSIO S. PATRICII.]

fueram, nec ibi [1] notum quemquam de hominibus habebam.' Et
deinde postmodum conuersus sum in fugam; et intermissi hominem cum [2] fueram [3].ui. annis'; et [4] veni in virtute Dei, Qui viam
meam [5] ad bonum' dirigebat, [6] et [7] nihil metuebam, [8] donec perueni ad
nauem illam. Et [9] illa die qua' perueni, profecta est [10] nauis de loco
suo; et locutus sum ut [11] abirem [12] unde [13] nauigarem cum illis. [14] Et
gubernatori' displicuit [15] illi, et acriter cum indignatione respondit :
Nequaquam tu nobiscum [16] adpetes ire. Et cum hæc audiissem,
separaui me ab illis, vt [17] venirem ad [18] tegoriolum [19] ubi hospitabam,
et in itenere cæpi orare : et antequam orationem consummarem,
audiui unum ex illis [20] et fortiter [21] exclamabat post me : Veni cito :
quia vocant te homines isti. Et statim ad illos reuersus sum, et
coeperunt mihi dicere : Veni, quia ex fide [22] recipimus te ; fac nobiscum amicitiam, quomodo volueris. Et in illa die [23] itaque reppuli
sugere mammellas eorum' propter [24] timorem Dei' : [25] sed verumtamen
ab illis speraui venire in fidem Jesu' Christi ; quia [26] gentes erant ;
et [27] ob hoc obtinui cum illis. [28] Et post triduum terram [29] cæpimus :
et [30] xxviij. dies per [31] disertum iter fecimus. [32] Et cibus defuit illis,'
et [33] fames inualuit super [34] eos. Et [35] alio die coepit gubernator mihi
dicere : Quid, [36] Christiane, tu dicis? Deus tuus magnus et omni-
potens est : quare ergo [37] pro nobis orare non potes ?' Quia [38] nos a'
fame periclitamur : difficile [39] enim umquam' ut [40] aliquem hominem'
videamus. Ego [41] enim euidenter dixi illis : [42] Conuertemini ex [43] fide
ad Dominum Deum meum ; [44] Cui nihil est' inpossibile, ut [45] cibum
mittat uobis' in viam [46] vestram, usque dum [47] satiamini : quia ubique
habundat Illi. [48] Et adiuuante Deo ita factum est. Ecce grex

[1] n. h. q. de h., C.F₃.; q. n. de h. habebam, B. [2] quo, *add.* C.F₁.F₃.B. [3] a. sex,
C.F₁.F₃.B. [4] *om.* B. [5] *om.* B. [6] ueni ad Benum, *add.* B.; et, *om.* C. [7] ex nihilo,
C.F₃. [8] *om.* F₁. [9] illa qua, C.F₁.; illa quam, F₃.; mox cum. B. [10] *om.* B. [11] haberem,
C.F₁.F₃.B. [12] inde, F₁. [13] nauigare, C.F₁.F₃.B. [14] Et gubernator, C.; Gubernator, B.
[15] *erasure in* F₃.; *om.* B. [16] adpetas, C.F₁.F₃.B. [17] et, *add.* C.F₁.F₃. [18] tuguriolum,
C.F₁.F₃.B.; ad, *om.* F₃. [19] et ibi, F₃. [20] *om.* C.F₁.F₃.B. [21] exclamare, F₁.B.; excla-
mantem, F₃. [22] recepimus, C.F₁.F₃.; reperimus, B. *And et* fac, F₁.F₃. [23] itaque repulsus
sum fugere amicitias illorum, C.F₃.; itaque repulis fugere mañas illorum, F₁.; debui surgere
in nauem eorum, *corr.* B.; *but their MS. has* repuli sugere mammas eorum. [24] Deum, B.
[25] Sed uerumtamen s. ab illis ut mihi dicerent, Ueni in fide Jesu, C. (*and so also, but om.* sed,
F₁.F₃.): Sed u. non s. ab i. ut m. d., U. in fide, B.; *but their MS. om.* non. [26] gentiles, B.
[27] *om.* C.F₁.F₃.B. [28] Et protinus nauiguauimus, *add.* C.F₁.F₃.B. [29] cepimus, C.F₁.F₃.B.
[30] uiginti et septem, C.F₁ (*but om.* et). F₃.B. [31] desertum, C.F₁.F₃.B. [32] cibus autem et
potus defecit uobis, B. [33] famis, C.F₁. [34] nos, B. [35] alia, C.F₁.F₃.B. [36] est, *add.* C.F₁.F₃.B.
(*and the note of interrogation after* Christiane). [37] non potes pro n. o., C.F₁.F₃.; n. p. pro
n. o.; ora pro nobis, B. [38] *om.* B. [39] est enim, C.F₃.B. [40] a. h. umquam. C.F₁.F₃.;
h. a. unquam, B. [41] uero, B. [42] conuertimini, C.F₁.F₃.B. [43] fide ex toto corde,
C.F₃.; fide ex toto corde, F₁.; toto corde, B. [44] quia nihil est Illi, C.F₁.F₃.B. [45] hodie cybum
m. nobis, F₁.; m. nobis c., B. [46] nostram, B. [47] satiemini, C.F₁.F₃.B. [48] *om.* C.F₁.F₃.B.

[CONFESSIO S. PATRICII.]

porcorum in via [1] ante oculos nostros [2] apparuit, et multos ex illis [3] interficerunt : et ibi .ij. noctes manserunt [4] et bene refecti.   Et [5] canes eorum [6] repleti sunt, quia multi ex illis [7] secus viam semiuiui [8] relicti sunt.   Et post [9] hæc summas gratias egerunt Deo ; et ego honorificatus sum sub oculis eorum [10].   Etiam mel [11] siluistre inuenierunt,' et mihi partem obtulerunt : et unus [12] ex illis' dixit : [13] Immolaticum est. Deo gratias.   Exinde nihil gustaui [n].   Eadem vero [14] eram dormiens, et fortiter temptauit me Satanas, [15] quod memor ero quandiu [16] fuero in hoc corpore : [17] et cicidit' super me [18] veluti saxum ingens,' et [19] nihil membrorum præuatens.' Sed unde [20] mihi venit [21] in [22] spiritum [23] ut Heliam uocarem.'   Et [24] in hoc' vidi in [25] cælum solem oriri ; et dum [26] clamarem [27] Heliam [28] viribus meis, ecce splendor solis illius [29] decidit super me, et statim discussit a me [30] grauitudinem.   Et credo quod a Christo [31] Domino meo [32] clamabat pro me : [33] et spero' quod sic erit in die presuræ meæ, sicut in Æuangueiio [34] inquit Dominus,' Non vos estis [35] o. Multos adhuc [36] capturam dedi.'   [37] Ea nocte prima itaque' mansi cum illis : responsum autem Diuinum audiui, [38] Duobus autem mensibus' eris cum illis : quod ita factum est. Nocte [39] illa [40] sexagensima liberauit me Dominus de manibus eorum.   [41] Etiam in itenere [42] prævidit nobis cibum et ignem et siccitatem cotidie, donec [43] decimo die [44] peruenimus omnes' ; sicut superius insinuaui. Xx. et viij. [45] disertum iter

[1] ueniebat, *add.* B.   [2] *om.* C.F₁.F₃.B.   [3] interfecerunt, C.F₁.F₈ B.   [4] *om.* C.F₁.F₃.B.
[5] carnes, C. ; carne, F₃.   [6] relcuati, C.F₃.B. ; revelati, F₁.   [7] defecerunt et, *add.* C.F₁.F₃.B. ; *and* eis *for* illis, F₃.   [8] derelicti, C.F₁.F₃.B.   [9] hoc, C.F₁.F₃.B.   [10] Et ex hac die abundanter cibum habuerunt, *add.* C.F₁.F₃. ; Ex illa autem die c. a. h. sed, *add.* B.   [11] siluestre inuenerunt, C.F₁.F₃.B.   [12] illorum, B.   [13] Hoc immolativum, C. ; Hoc immolatium, F₁.F₃. (*on erasure*) ; Hoc immolatum, B.   [14] nocte, *add.* C.F₁.F₃.B.   [15] cuius, F₃.   [16] fueram, C.F₁. ; fuero, F₃. (*on erasure*).   [17] et cecidit, C.F₁.F₃. ; cecidit enim, B.   [18] ueluti saxa ingentia, C.F₁.F₃. ; uelut saxum ingens, B.   [19] nihil m. meorum præualui, C.F₁.F₃. *and* MS. *of* B ; omnium m. meorum uires abstulit, *corr.* B.   [20] me, C.F₁ ; *om.* B.   [21] ignarum in, C. ; ignarum, et, F. ; ignoro in, F₃. (*on erasure*) ; ignoro, ut, B.   [22] spiritu, C.F₁.F₃.B.   [23] Heliam uocarem, C. ; Heliam uocare, F₃. ; Eliam invocarem, B.   [24] inter hæc, C.F₁.F₃.B.   [25] cælo, C.F₁.F₃.B.   [26] clamabam, C.F₁.F₃.   [27] Heliam (*bis*), C.F₁.F₃. ; Eliam (*bis*), B.   [28] totis, *add.* B. *And* et ecce, F₁.   [29] cecidit, B.   [30] omnem, *add.* C.F₁.F₃.B.   [31] Deo, C.F₁. ; Domino, F₃. ; *om.* B.   [32] subuentus sum, et Spiritus Eius iam tunc clamauit, C.F₁.F₃.   [33] s. autem, B.   [34] inquit, In illa die, Dominus testatur, C.F₁.F₃. ; Dominus testatur ; In illa die, inquit, B.   [35] qui loquimini ; sed Spiritus Patris uestri, Qui loquitur in uobis. Et iterum post annos, *add.* C.F₁.F₃. ; qui l., sed S. P. u. Qui l. in uobis. In itinere autem nostro (*as four lines further on in the text, down to*) cibo uero nihil habuimus. Et iterum post annos non, *add.* B.   [36] in capturam decidi, B.   [37] Nocte uero prima, B.   [38] dicentem mihi : Duos menses, C. ; dicente mihi : Duos menses, F₁. ; dicens mihi : Duos menses, F₃ (*on erasure*).   [39] igitur, *add.* B.   [40] sexagissimo die, C.F₁.F₃. ; sexagesima, B.   [41] Ecce, C.F₁.F₁. ; *om.* B.   [42] prouidit, C. ; autem nostro providit, B.   [43] quarto, *add.* C.F₁.F₃.B.   [44] p. ad homines, C..F₃. ; preuenimus ad homines, B. (F₁ *bas* peruenimus omnes, *and om. by an* homœoteleuton *down to* de cibo uero).   [45] per desertum iter fecimus. F₁ C.F₁.B. ; dies per d. i. f. Et, F₃.

[n] See 1 Cor. x. 28, 29.   [o] Matt. x. 20.

fecimus ex′ ea nocte qua peruenimus [1] omnes, de cibo uero nihil habuimus. [2] Et iterum post paucos annos in [3] Britannis eram cum parentibus meis, qui me ut filium [4] susciperunt; et ex fide rogauerunt me, ut vel modo [5] ego post tantas tribulationes, quas ego pertuli, [6] nusquam ab illis discederem. Et ibi scilicet [7] in [8] sinu noctis′ virum venientem quasi de Hiberione, [9] cui nomen Victoricus,′ cum æpistolis innumerabilibus [10] vidi: et dedit mihi unam ex [11] his, et [12] legi principium æpistolæ [13] continentem: Vox [14] Hyberionacum. Et [15] dum recitabam [16] principium æpistolæ, putabam [17] enim ipse in mente′ audire vocem ipsorum qui erant juxta [18] siluam Focluti [p],′ quæ est prope mare [19] Occidentale, et sic exclamauerunt: [20] Rogamus te, [21] sancte puer,′ ut venias et adhuc [22] ambulas inter nos. Et valde compunctus sum corde, et amplius non potui legere: et sic [23] expertus sum. Deo gratias, quia post plurimos annos præstitit illis Dominus secundum clamorem [24] illorum. Et alia nocte, nescio, Deus scit; utrum in me, an iuxta me, verbis [25] peritissime, quos ego audiui et non potui [26] intellegere, nisi ad [27] posterum orationis sic [28] efficiatus est: Qui [29] dedit animam suam pro te [q], Ipse est Qui loquitur in te.′ Et sic [30] expertus sum gaudibundus.′ Et iterum [31] uidi in me ipsum orantem: et [32] eram quasi′ intra corpus meum, et audiui, [33] hoc est, super interiorem hominem, et ibi fortiter orabat [34] gemitibus. Et inter hæc stupebam et [35] ammirabam et cogitabam, quis esset qui [36] in me orabat.′ Sed ad postremum orationis [37] sic efficiatus est,′ [38] ut sit Episcopus;′ [39] et sic expertus sum,′ et recordatus sum [40] Apostolo dicente:′ "Spiritus adiuuat [41] infirmitatis orationis nostræ:′

[1] ad homines, C.F_3.B. [2] *om.* B. [3] Brittanniis, C.F_1.F_3.; Britannia, B. [4] susceperunt, C.F_1.F_3.; excceperunt, B. [5] me, C.F_1.F_3.; *om.* B. [6] nunquam, C.F_1.F_3.B. [7] uidi, *add.* C.F_1.F_3.B. [8′] uisu nocte, C.F_1.F_3.; uisu de nocte, B. [9′] Victoricius nomen, C.F_1.F_3.; Victricius nomen, B. [10] *om.* C.F_1.F_3.B. [11] illis, C.F_1.F_3.B. [12] lego, B. [13] continenter, B. [14] Hiberionarum, B. (*miswritten and corrected*, F_1.). [15] cum, C.F_1.F_3.B. [16] initium, B. [17′] ipso momento, C.F_1.F_3.B. [18′] silua uirgulti uolutique, C.; siluam uirgultique, F_1.; siluam uirgulti nolutique, F_3.; s. virgulti, *MS. of* B. [19] Occidentem, C.F_1.F_3. [20] quasi ex uno ore, *add.* C.F_1.F_3.B. [21] sanctum puerum, C.F_1.F_3. [22] ambules, C.F_1.F_3.B. [23] expergefactus, C.F_1.F_3.B. [24] eorum, C.F_1.F_3.B. [25] *Marked as doubtful in marg. of the Arm. MS.*; peritissimis, C.F_1.F_3.; peritissimis audiebam quosdam ex Spiritu psallentes intra me, et nesciebam qui essent, B. [26] intelligere, F_3.B. [27] postremum, C.F_1.F_3.B. [28] affatus, C.F_1.F_3.B. [29] pro te animam suam posuit, C.F_3.; p. t. a. s., F_1.; dedit pro te animam suam, B. [30] expergefactus s. g., C.F_1.F_3.; euigilaui, B. [31] audiui, B. [32′] eram, C.F_1.F_3.; erat, B. [33] super me, *add.* C.F_1.F_3.B. [34] cum, *add.* B., *but it is not in their MS.* [35] admirabar, C.F_1.F_3.B. [36′] oret in me, C.F_1.F_3.; oraret in me, B. [37′] sic effatus est, C.F_3.; s. effactus e., F_1.; dixit, B. [38′] (Eps. *miswritten for* Sp̄s.).—ut sit Spiritus, F_3.; Se esse Spiritum, B. [39] *om.* B. [40′] Apostoli dicentis, B. [41′] infirmitatem n. o., C.F_1.F_3.; infirmitatem o. n., B.

[p] Near Killala, co. Mayo. The readings in the other MSS. agree with the facts, that the Armagh MS. was written at an early time in Ireland, while the knowledge of ancient localities was still retained, whereas C.F_1.F_3.B. were copied at a later period, when they had been forgotten.

[q] 1 John iii. 16.

[CONFESSIO S. PATRICII.]

[1] nam quod' oremus [2] sicut oportet,' nescimus, sed ipse Spiritus postulat pro nobis gemitibus ine[na]rrabilibus, quæ verbis [3] exprimi non possunt'[r]." Et iterum : " [4] Dominus aduocatus noster [5] postulat pro nobis [s]."

[[6] Et quando tentatus sum ab aliquantis senioribus meis, qui venerunt, [7] ob peccata mea, contra laboriosum Episcopatum meum, [8] nonnumquam in illo die fortiter impulsus sum, vt caderem hic et in æternum : sed Dominus pepercit proselyto et peregrino propter nomen suum, [9] et mihi' benigne [10] valde [11] subuenit in hac conculcatione, quod in [12] labem et opprobrium non male deueni. Deum oro, vt non illis in peccatum reputetur [13] occasio : [14] nam post annos triginta inuenerunt me, [15] aduersus verbum, quod confessus fueram [16] antequam essem Diaconus. Propter anxietatem mœsto animo insinuaui amicissimo meo, quæ in pueritia mea vna die gesseram, imo in vna hora, quia necdum præualebam. Nescio, Deus scit, si [17] habebam tunc annos' quindecim, et Deum [18] vnum non credebam [19] ab infantia mea : sed in morte et in incredulitate mansi, donec valde castigatus sum : et in veritate humiliatus sum a fame et nuditate ; et quotidie contra [20] Hiberionem non sponte pergebam, donec prope deficiebam. Sed hoc potius [21] mihi bene' fuit : quia ex hoc emendatus sum a Domino, et aptauit me vt hodie essem quod aliquando longe a me erat, vt ego curas haberem aut satagerem pro salute aliorum, quando [22] etiam de me ipso non cogitabam. Igitur in illo die quo reprobatus sum a memoratis supradictis ad noctem illam,] [23] vidi in vissu noctis' scriptum [24] erat contra faciem meam sine honore, et inter hæc audiui responsum [25] dicentem mihi : Male [26] audiuimus faciem [27] designati, nudato nomine. Nec sic prædixit : Male vidisti : sed, Male vidimus : quasi [28] Sibi Se iunxisset' ; sicut dixit : " Qui vos [29] tanguit, [30] quasi qui' tanguit pupillam oculi Mei '." Idcirco gratias ago Ei, Qui me in omnibus confortauit, vt

[1]' nam quid, F₂.B. ; nunquid, C.F₁.   [2]' om. B.   [3]' exprimi non potest, C.F₁.F₂. ; exprimere non possum, B.   [4] Deus, C. ; Dominus est, B. ; D. a. est, F₁.   [5] et Ipse, add. B. [6] *The passage in brackets, Et quando to noctem illam, is omitted by the Book of Armagh. It is given here (as are also the following passages of the same kind) from B., with various readings from C F₁.F₂., in all of which four MSS. it and the like passages occur.*   [7] et, C.F₁.F₃.   [8] utque, C. ; utique, F₁.F₂.   [9]' om. C.F₁.F₂.   [10] et, add. C.F₁.F₂.   [11] mihi, add. C.F₁.F₃.   [12] labe, C. ; *and* m. *erased in* F₁. In, *add. before* opprobrium, F₁.F₃.   [13] occasionum, C.F₁.F₂.   [14] om. C.F₁.F₃.   [15] et, add. C.F₁.F₂.   [16] antequod, C.   [17]' habeam t. annis, C. ; habeam t. annos, F₂.   [18] niuum, C.F₁.F₃.   [19] neque ex, C.F₁.F₃. *And* F₁ *om. the second* in.   [20] Hiberione, C.F₁.   [21]' b. m., C.F₁.F₂. ; *and* F₁ *has* hæc *for* hoc.   [22] autem tunc, add. C.F₁.F₂. (*but* autem *erased in* F₁).   [23]' in u. n. uidi, B. ; *but* vidi *is not in their MS.*   [24] om. B. [25] Diuinum dicentem, C.F₁. ; Diuinum dicens, F₂ (*on erasure*). B.   [26] uidimus, C.F₁.F₂.   [27] Dei signati, C.F₁.F₂.   [28]' ibi Se iunxit, C.F₁.F₂.B.   [29] tangit (*bis*), C.F₁.F₂.B.   [30]' quasi, C.F₁.F₂. ; qui, B.

[r] Rom. viii. 26.   [s] 1 John ii. 1.   [t] Zech. ii. 8.

[CONFESSIO S. PATRICII.]

non me [1] impediret a profectione [2], qua statueram, et de [3] mea quoque [4] opera quod a Christo [5] Domino meo [6] dedideram : sed magis [7] ex eo' sensi virtutem non paruam : et fides mea probata est coram Deo et hominibus. Unde autem [8] audenter dico, non me repræhendit conscientia mea [9] hic et in futurum,' [10] teste Deo, ab eo' quia non sum mentitus in sermonibus quos [11] ego retuli [12] vobis. [[13] Sed magis [14] doleo pro amicissimo meo, cur [15] tale meruimus habere' responsum, cui [16] ego credidi etiam animam [17] meam. Et [18] comperit ab aliquantis fratribus [19] meis ante defensionem illam, quod ego non interfui, nec in Britannijs eram, nec a me orietur, ut et ille in mea absentia [20] pulsetur pro me.' Ipse ore suo dixerat : Ecce [21] promouendus es tu ad gradum Episcopatus : quo non eram dignus : sed unde venit illi postmodum, ut coram cunctis bonis et malis [22] in me publice dehonestaret, quod ante sponte et lætus indulserat? [23] Est Dominus, Qui maior omnibus est. Satis dico : sed tamen [24] non debeo abscondere donum Dei, quod largitus est [25] in terra captiuitatis meæ; quia tunc fortiter inquisiui [26] Illum, et ibi inueni Eum, et seruauit me ab omnibus iniquitatibus, [27] propter inhabitantem Spiritum Eius[u], Qui operatus est usque in [28] hunc diem in me [29]. [30] Nouit autem Dominus,' si [31] ab homine ista audissem,' forsitan tacuissem propter caritatem Christi. Unde [32] ego indefessam gratiam ago Deo meo, Qui me fidelem seruauit in die tentationis meæ; ita ut hodie [33] confidenter offeram Illi sacrificium, [34] et velut' hostiam viuentem animam meam [35] consecro Domino meo, Qui me seruauit ab omnibus angustijs meis; ut [36] Ei dicam : Quis ego sum, Domine, vel quæ est [37] inuocatio mea, Qui mihi tantam diuinitatem [38] denudasti ? ita ut hodie [39] exaltarem et magnificarem nomen Tuum [40] in quocumque' loco fuero ; [41] nec tantum' in secundis, sed etiam in pressuris; ut quidquid mihi euenerit, siue bonum siue malum,

---

[1] impenderet, C.F₁.; impediret (*on erasure*), F₃. [2] mea, *add.* B.; *and* quam *for* qua, F₁.F₃.B.
[3] meo, F₃ (*on erasure*). B. [4] opere, F₃ (*on erasure*). B. [5] *om.* C.F₁.F₃.B. [6] dideceram, C.F₁.F₃.B. [7] et ex eo in me, F₁.; ex eo in me, F₃. [8] *om.* B. [9] *om.* B. [10] testem Deum habeo, C.F₁.F₃.B. [11] *om.* B. [12] *om.* C.F₁.F₃.B. [13] *For the passage in brackets, from* Sed magis *to* ultra est, *here taken from* B., *see above, note 6, on p.* 304. [14] deleo, F₁. [15] hoc meruimus audire tale, C.F₁.F₃. [16] ergo, C. [17] *om.* C.F₁.F₃. [18] comperi, C.F₁.F₃. [19] *om.* C.F₁.F₃. [20] pro me pulsaret. Etiam mihi, C.F₁.F₃. [21] dandus, C.F₃.; datus, F₁.; *and* quod *for* quo *in next line*, F₁.F₃. [22] et. C.F₁.F₃. [23] et, C.F₁.F₃. [24] *om.* F₁. [25] nobis, *add.* C.F₁.F₃. [26] Eum, C.F₁.F₃.; *and* Illum *for* Eum *in next line*, F₁.F₃. [27] sic credo, *add.* C.F₁.F₃. [28] hanc, C.F₁.F₃. [29] audenter rursus, *add.* C.F₃.; audienter rursus, *add.* F₁. [30] sed scit Deus, C.F₃.; sed sit D., F₁. [31] nihi homo hoc effatus fuisset, C.F₁.F₃. [32] ergo, C.F₁.F₃. [33] confitenter, F₁. [34] ut. C.F₁.F₃. [35] Christo, C.F₁.F₃. [36] et, C.F₁.F₃. [37] uocatio, C.F₁.F₃. [38] cooperuisti, C.F₁.F₃ [39] in gentibus constanter exultarem, C.F₃.; g. c. e., F₁. [40] ubicumque, C.F₁. (*and* F₃. *with a blank for* loco). [41] necnon, C.F₁.F₃.

[u] Rom. viii. 11, *marg.*

æqualiter [1] debeam suscipere, et Deo gratias semper agere ; Qui mihi ostendit ut indubitabilem Eum [2] crederem sine fine,' et Qui me audierit : ut et ego [3] in nouissimis diebus hoc opus tam pium et tam mirificum [4] auderem aggredi'; ita ut [5] imitarer illos, quos [6] Dominus iam olim prædixerat [7] prænuntiaturos Euangelium Suum " in testimonium omnibus gentibus[x] " ante finem mundi. Quod [8] sicut vidimus, [9] ita suppletum est. Ecce testes sumus, quia Euangelium prædicatum est usque ubi nemo ultra est.]

Longum est autem totum per singula [10] enarrare laborem meum vel per partes : breuiter dicam qualiter pi[i]ssimus Deus de seruitute sepe [11] liberauit, [12] et de periculis xij. qua' periclitata est anima mea ; præter insidias multas, et quæ verbis exprimere non valeo, [13] nec iniuriam legentibus faciam. Sed [14] Deum auctorem [15], Qui nouit omnia, etiam antequam fiant ; [[16] Ut me pauperculum [17] et pusillum' responsum Diuinum [18] creberrime admoneret.' Unde mihi hæc sapientia, quæ in me non erat, qui nec numerum dierum noueram, neque Deum sapiebam ? Unde mihi postmodum [19] tam magnum [20] et salubre [21] donum Dei' agnoscere [22] et diligere, [23] ut patriam et parentes amitterem, et munera multa [24] quæ mihi offerebantur cum fletu et lacrymis ? Et offendi [25] illic contra votum aliquantos de senioribus meis : sed gubernante Deo nullo modo consensi neque acquievi illis : non [26] ego, sed Dei gratia, quæ vicit' in me : et [27] restiti illis omnibus, [28] quatenus venirem' ad Hibernas gentes Euangelium prædicare, et ab incredulis [29] iniurias perferre, vt [30] audirem opprobrium peregrinationis meæ, et [31] persecutiones multas usque ad vincula, et ut darem [32] me et' ingenuitatem meam pro [33] utilitate aliorum. Et si dignus fuero, promptus sum, ut etiam animam meam incunctanter et libentissime [34] ponam pro nomine Eius : et [35] Illi opto impendere eam usque ad mortem, si Dominus

[1] debeo, C.F₁.F₃.   [2] s. f. c., C.F₁.F₃.   [3] inscius sim, *add.* C.F₃.; inscius, *add.* F₁.
[4] adire aggreder, C.; a. aggrederet, F₃.; audirem aggrederer, F₁.   [5] imitarem quispiam, C.F₃.; imitarer quospiam, B.; i.q. illos (*on erasure*), F₃.   [6] ante, *add.* C.F₁.F₃.   [7] prænuntiaturus, C.; prænuntiaturum, F₃.; prenuntiatus, F₁.   [8] ita ergo ut, C.F₃.; ita ergo, F₁.   [9] itaque, C.F₁.F₃.   [10] narrare, B.   [11] me, *add.* B., *but not in their MS.*   [12] ex duodecim periculis, C.B.; e. d. p. quibus, F₁.F₃.   [13] nec et, C.F₁.F₃.; ne, B.   [14] Dum, F₁.F₃.; Dominum, B.   [15] habeo, *add.* C.F₁.F₃.B.   [16] *For the passage in brackets, from* Ut me pauperculum *down to* indulgeret, *here taken from* B., *see above in note* 6, *on p.* 304.   [17] pupillum, C.F₁.F₃.; *and add.* idem tamen, F₁.F₃.   [18] creberrime admonuit, C.F₃.; creber admoneret, F₁.   [19] donum, *add.* C.F₁.F₃.   [20] *om.* C.; tam, F₁.F₃.   [21] Deum, C.F₁.F₃.   [22] uel, C.F₁.F₃.   [23] sed, *add.* C.F₁F₃.   [24] *om.* C.F₁.F₃. *and MS. of* B.   [25] illos, C.F₁.F₃.; *and* aliquantis *in next line.* F.F₃.   [26] mea gratia, sed Deus Qui vincit, C F₁.; m. g., sed D. Q. vicit, F₃.   [27] restitit, C.F₃.; resistit, F₁.   [28] ut ego ueneram, C.F₁.F₃.   [29] contumelias, C.F₁F₃.   [30] aurem, C.; haurirem, F₁. (*and on an erasure*) F₃.   [31] persecutionis, C.   [32] *om.* C.F₃.; me, F₁.   [33] utilitatem, C.   [34] *om.* C.F₁.F₃. *and MS. of* B.   [35] ibi, C.F₁.F₃.

[x] Matt. xxiv. 14.

[CONFESSIO S. PATRICII.]

[1] indulgeret.] Quia valde debitor sum Deo, Qui mihi tantam gratiam donauit, ut populi multi per me in [2] Deum renascerentur,' [3] et ut clerici ubique [4] illis ordinarentur, ad plebem nuper [5] venientem ad credulitatem, quam sumsit Dominus ab extremis terræ; [6] sicut olim promisserat per profetas Suos : "Sicut falso comparauerunt patres nostri idola, et non est in eis utilitas."—"Ad Te gentes veniunt et dicent y." Et iterum : "Posui Te [7] lumen in' gentibus ut sis [8] in salutem' usque ad [9] extremum terræ z." Et ibi volo exspectare promissum Ipsius, Qui [10] usque numquam fallit, sicut in Æuanguelio pollicetur : "Venient ab Oriente et Occidente [11] ab Austro et ab Aquilone, et' recumbent cum Abraam et Issac et Iacob a:" sicut credimus ab omni mundo venturi [12] sint credentes.' Idcirco [13] itaque oportet [14] bene et dilegenter [15] piscare, sicut Dominus præmonet [16] et docet,' dicens : "Venite post Me, [17] et faciam vos [18] fieri piscatores hominum b." Et iterum [19] : "Ecce [20] mitto piscatores et venatores multos, dicit Deus c:" et cætera. Unde [21] autem valde oportebat' retia nostra tendere, ita vt multitudo copiossa et turba Deo caperetur : [22] et ubique essent clerici, qui babtizarent et [23] exhortarent populum [24] indegentem et dessiderantem ; sicut Dominus [25] in Æuanguelio [26] ammonet et docet' dicens : "Euntes ergo [27] nunc docete omnes gentes, babtizantes eas in nomine Patris et Filij et Spiritus Sancti ;" [28] reliqua usque dicit, "sæcli d." Et iterum [29] : "Euntes [30] ergo in mundum uniuersum prædicate Æuanguelium omni creaturæ ; qui crediderit et babtizatus fuerit saluus erit ; [31] qui uero non crediderit, condempnabitur' e." [32] Reliqua sunt exempla.'

[1] mihi, *add.* C.F₁F₃. [2'] Deum renascantur, C.F₁.F₃.; Domino r., B. [3] et postmodum consummarentur, *add.* C.F₁.F₃.B. [4] Illis, F₁.; Illi, F₃. [5] ueniente, C. [6'] sicut olim promiserat per prophetas Suos ad gentes uenient ab extremis terræ; et dicent, Sicut falsa comparuerunt [comparauerunt, F₃.; *and* F₁. *adds* et] patres nostri idola, et non est utilitas in eis, C.F₁.F₂.; B. (*om. from* sicut olim *to* terræ *by an homœoteleuton, and then reads*), et dicent, Sicut falsa comparauerunt p. n. sibi idola, et n. e. u. in eis. [7'] in lucem, B. [8'] salus Mea, B.; *and* et sis, *just before*, F₁. [9] ultimum, C.B.; *and* aspectare, *in next line*, F₁. [10] utique, C.F₁.F₃.B. [11'] *om.* C.F₁.F₃. (B. *om.* ab A. et ab A.). [12'] sunt c., C.F₁.F₃.; *om.* B. [13] *om.* C.F₁.F₃.B. [14] quidem, *add.* C.F₁.F₃.B. [15] piscari, B. *and* F₃ (*on erasure*). [16'] *om.* C.F₁.F₃.B. [17] *om.* B. [18] *om.* C.F₁.F₃. [19] dicit per prophetas, *add.* C.F₁.F₃.B. [20] Ego, *add.* C.F₁.F₃.B.; *and* peccatores, F₁.; *and* dicit Dominus, F₁.F₃. [21'] a. v. oportebatur, C.F₁.; a. v. oportebat, F₃.; oportuit ualde, B. [22] ut, C.F₁.F₃.B. [23] exhortarentur, F₃.; exhortarentur, B. [24] indigentem, C.F₁.F₃.B. [25] inquit, *add.* C.F₁.B. [26'] admonens et. B. [27] *om.* C.F₁.F₂.B.; *and* F₁. *has* ego *for* ergo. [28'] docentes eos seruare [observare, F₁.F₃.] omnia quæcunque mandavi uobis : et ecce Ego uobiscum sum omnibus diebus usque ad consummationem seculi, C.F₁.F₃.; *so also* B., *but with* dixero *for* mandaui. *The passage is one of those which indicate that the Armagh copy is abridged.* [29] dicit, *add.* C.F₁.F₃.B. [30] *om.* C.B. [31] *om.* B. [32'] *om.* C.F₁.F₃.B. *The* exempla *are obviously those which follow in the text, but are omitted in the Book of* Armagh *: a further passage to prove this last to be abridged.*

y Jerem. xvi. 19.   z Acts xiii. 47.   a Matt. viii. 11.   b Matt. iv. 19.
e Jerem. xvi. 16.   d Matt. xxviii. 19, 20.   e Mark xvi. 15, 16.

[CONFESSIO S. PATRICII.]

[1] [Et " prædicabitur hoc Euangelium regni in uniuerso mundo in testimonium omnibus gentibus ; et tunc veniet finis [f]." Et [2] iterum Domini Propheta prænuntians,' inquit : " Et erit in nouissimis diebus, dicit Dominus, effundam de Spiritu Meo super omnem carnem, et prophetabunt filij vestri et filiæ vestræ [3], et seniores vestri somnia somniabunt : et quidem super seruos Meos et [4] ancillas Meas in diebus illis effundam de Spiritu Meo et prophetabunt [g]." Et [5] Osee dicit : " Vocabo non-plebem Meam [6] plebem Meam', et non-misericordiam-consecutam [6] misericordiam-consecutam'. Et erit in loco ubi dictum est : Non plebs Mea vos ; ibi vocabuntur filij Dei viui [h]."] Unde autem [7] Hiberione, qui numquam notitiam [Dei] [8] habuerunt, [9] nissi idola [10] et inmunda vsque [11] semper coluerunt, quomodo nuper [12] facta est plebs Domini, et filij Dei [13] nuncupantur filij [14] sanctorum, et filiæ Regulorum monachi [15] et virgines Christi [16] esse videntur. [17] [Et etiam una [18] Scotta benedicta', nobilis, pulcherrima, [19] adulta erat, quam ego baptizaui : et post paucos dies vna caussa venit ad nos : insinuauit [20] namque nobis responsum accepisse a [21] nuntio Dei, [22] qui monuit [23] eam ut permaneret' virgo Christi, et [24] sic Deo proximaret. Deo gratias, sexta ab hac die optime et auidissime arripuit illud, quod etiam omnes virgines Dei [25] similiter faciunt ; non [26] voluntate patrum suorum' ; [27] imo [28] persecutiones patiuntur et inproperia falsa a parentibus suis, et nihilominus plus augetur numerus : et de genere nostro [29] quæ ibi [30] Christo [31] natæ sunt, nescimus numerum [32] earum, præter viduas et continentes. Sed et [33] illæ maxime laborant, quæ seruitio detinentur : usque ad terrores et minas assidue [34] perferunt : sed Dominus gratiam dedit multis ex ancillis [35] Suis : nam [36] etsi vetantur', tamen fortiter imitantur. Unde autem [37] possem etsi voluero [38] dimittere

[1] *For the passage between brackets,* Et *to* Dei Uiui, *here taken from* B., *see above in note* 6, *on p.* 304. Et iterum, C.F₁.F₃.   [2] Item Dominus per prophetam prenuntians, C.F₃. ; item Dominus per prophetam prenuntiat, F₁.   [3] Et filii uestri uisiones uidebunt, add. C.F₁.F₃.   [4] super, add. C.F₁.F₃.   [5] in, add. C.F₃.   [6] om. C.   [7] Hiberionæ, B.   [8] habuerant, C.F₁.F₃.B. ; *and add before it,* Dei.   [9] nec, add. B.   [10] om. B.   [11] nunc, add. C.F₁.F₃.B.   [12] perfecta, F₁.F₃. ; effecta, B.   [13] nuncupabuntur, B.   [14] Scottorum, C.F₁.F₃.B. (*and begin the sentence at the second* Filii). *The word stands thus in the Book of Armagh—*scorum.   [15] om. F₁.   [16] ipse, C.F₁.F₂.   [17] *For the passage between brackets, from* Et etiam *to* pro animabus vestris (p. 311), *here taken from* B., *see above, note* 6, *p.* 304.   [18] b. S., gentiua, C. ; b. S., genitiua, F₁. ; b. S. genetiva, F₃.   [19] adultera, F₁.   [20] om. C.F₁.F₃.   [21] nutu, C.F₃.   [22] et, C.F₁.F₃.   [23] etiam ut esset, C.F₁.F₃. ; *and* F₁. om. Christi.   [24] ipsa, C.F₁.F₃.   [25] ita hoc, C.F₁.F₃.   [26] sponte p. earum, C.F₁.F₃.   [27] sed, C.F₁. ; sed et, F₃.   [28] persecutionem patiantur, C.F₁.F₃.   [29] qui, C.F₁.F₃.   [30] om. C.F₁.F₃. ; *and MS. of* B.   [31] nati, C.F₁.F₃.   [32] eorum, C.F₁.F₃.   [33] illa (*corrected*), F₃. ; illas, C.F₁.   [34] persuaserunt, C.F₃. ; perseuerant, F₁.   [35] meis, C.F₁.F₃.   [36] et siue tantum, C.F₁.F₃.   [37] om. C.F₁.F₃. ; *and MS. of* B.   [38] amittere, C.F₁.F₃.

[f] Matt. xxiv. 14.   [g] Joel ii. 28.   [h] Hosea i. 10, ii. 23.

[CONFESSIO S. PATRICII.]

illas, et [1] pergere in [2] Britannias ; [3] etsi libentissime paratus [4] irem, quasi ad patriam et parentes : [5] et non id solum, sed etiam usque [6] ad Gallias [7] uisitarem fratres [8] meos, ut viderem faciem Sanctorum Domini mei : scit Dominus quod ego [9] id valde optabam. Sed [10] illigatus Spiritu [i] (Qui mihi protestatur, si hoc fecero, [11] et reum futurum' esse designat) [12] timeo [13] perdere laborem, quem inchoaui ; et non ego, sed Christus Dominus, Qui [14] mihi imperauit ut venirem, [15] essemque cum illis' residuum ætatis meæ ; si Dominus voluerit et custodierit me ab omni [16] macula, vt non peccem coram Illo. [17] Sperare autem hoc debueram : sed memetipsum non credo, quamdiu fuero in "hoc corpore mortis [k] :" quia fortis est qui quotidie nititur [18] me subuertere' a fide et proposita castitate religionis non fictæ, [19] quam seruabo' usque in finem vitæ meæ Christo [20] Domino meo : sed caro inimica semper [21] adtrahit ad mortem, id est, ad illecebras [22] in infelicitate perfruendas'. Et scio ex parte [23] quod ego' vitam perfectam [24] non didici', sicut et ceteri credentes : sed confiteor Domino meo, et non erubesco in [25] conspectu Eius', quia non mentior : ex quo cognoui Eum [26] in iuuentute mea, creuit in me amor Dei et timor Ipsius, et vsque nunc, fauente Domino, "fidem seruaui [l]." Rideat autem et insultet qui voluerit, ego non silebo neque [27] abscondam signa et mirabilia, [28] quæ mihi a Domino [29] monstrata sunt ante multos annos quam [30] fierent, quasi Qui "nouit omnia etiam ante tempora secularia [m]." Unde [31] ego quidem debueram' sine cessatione Deo gratias agere, Qui sæpe indulsit insipientiæ meæ [32] et negligentiæ meæ ; ... et de loco non in unoquoque, ut non mihi vehementer irasceretur, [33] cui adiutor datus sum, et non cito acquieui, secundum quod mihi ostensum fuerat, et [34] Spiritus nihilominus' suggerebat. Et misertus est mihi Dominus in millia millium : quia vidit in me quod paratus eram ; sed quod [35] nihilo

---

[1] ut pergens, C.F₁.F₃.   [2] Britanniis, C.F₁.F₃.   [3] Et, C.F₁.F₃.   [4] eram, C.F₁.F₃.
[5] om. C.F₁.F₃.   [6] om. C.F₁.F₃.   [7] uisitare, C.F₁.F₃.   [8] om. C.F₁.F₃.; and F₁.F₃. add. et.   [9] om. C.F₁.F₃. and MS. of B.   [10] alligatus, C.F₁.F₃.   [11] ut futurum rerum me, C.; u. f. reum me, F₁.F₃.   [12] et, add. C.F₁.F₃.   [13] pendere, C.   [14] me, C.F₁.F₃.   [15] esse cum illis, C.; esse meum illis, F₁.; esse mecum illis, F₃. (on erasure).   [16] uia mala, C.F₁.F₃.
[17] Spero, C.F₁.F₃.; and memetipso, F₁.   [18] s. me, C.F₁.F₃.; and preposita, F₁.   [19] om. C.F₁.F₃. and MS. of B.   [20] Deo, F₃.   [21] trahit, C.F₁.F₃.   [22] inlicite perficiendas, C.F₃.; inlicitate perficiendas, F₁.   [23] quare, C.F₁.F₃.   [24] ego non egi, C.F₁.F₃.   [25] c. Ipsius, C.F₃.; inspectu Ipsius, F₁.   [26] a, C.F₁.F₃.   [27] abscondo, C.F₁.F₃.   [28] quem, F₁.   [29] ministrata, C.F₁.F₃.   [30] fuerant, C.F₁.F₃.; fuerunt, F₁.   [31] autem debuero, C.F₁.F₃.   [32] om. C.F₁.F₃.   [33] qui, C.F₁.F₃. And irascetur, C.   [34] sicut Spiritus, C.F₁.F₃.   [35] mihi pro his nesciebam de s. m., C.F₃.; mihi pro his nesciebam detestatu, F₁.

---

[i] Acts xx. 22.   [k] Rom. vii. 24, *marg.*   [l] 2 Tim. iv. 7.   [m] *See* Acts xv. 18.

plus sciebam de statu' meo quid facerem : quia multi hanc legationem prohibebant, [1]et quidam' inter [2]ipsos post tergum meum
narrabant et dicebant : Iste quare se mittit in periculum inter hostes,
qui Deum non nouerunt? Non [3]causa malitiæ; sed non sapiebat
illis, sicut et ego ipse testor, [4]iter illud', propter rusticitatem meam.
Et non cito agnoui gratiam, quæ tunc erat in me : nunc mihi
[5]sapit, quod ante debueram [6]vocanti Deo parere'. Nunc ergo sim-
pliciter insinuaui fratribus et conseruis meis, qui mihi crediderunt :
propter quod prædixi et prædico ad roborandam [7]fidem vestram.
[8]Utinam et vos imitemini maiora, et potiora faciatis. [9]Hæc erit
gloria mea : quia " filius sapiens gloria patris est[n]." Vos scitis et
Deus qualiter [10]conuersatus sum inter vos' a iuuentute mea ; [11]in
fide veritatis et [12]sinceritate cordis, etiam ad gentes illas, inter
quas habito ; ego fidem illis [13]præstiti et præstabo. Deus scit,
neminem illorum circumueni, nec cogito, propter Deum et Ecclesiam
Ipsius ; ne excitem illis et [14]vobis omnibus persecutionem, et ne
per me [15]blasphemetur nomen Domini : quia scriptum est : " Væ
homini per quem nomen Domini blasphematur[o]." Nam etsi im-
peritus sum [16]in omnibus', tamen conatus sum quidpiam seruare
me, etiam [17]fratribus Christianis et virginibus Christi, et mulieribus
religiosis, quæ mihi vltronea munuscula donabant, et super altare
iactabant ex ornamentis suis, et iterum [18]reddebam illis ; et aduersus me scandalizabantur cur [19]hoc faciebam : sed ego [20]id faciebam' propter spem perennitatis, vt me in omnibus caute [21]possem
conseruare' ; ita ut me in aliquo titulo [22]infideles non carperent',
vel [23]etiam ministerium seruitutis meæ : nec, etiam in [24]minimis,
incredulis locum darem infamare siue detrectare [25]me paratis'.
Forte autem quando baptizaui tot millia hominum, sperauerim ab
aliquo illorum vel [26]dimidium scriptulum'? Dicite mihi, et reddam
vobis[p]. [27]An quando ordinauit ubique Dominus clericos per modi-
citatem meam, [28]numquid ministerium gratis distribui illis? Si

---

[1] et iam, C.F₁.; etiam jam, F₁. [2] seipsos, C.F₁.F₃. [3] ut, add. C.F₁.F₃. [4] intellegi,
C.; intelligi, F₃. and MS. of B.; intellexi, F₁.; and F₁ has testator. [5] capit, C.F₁.F₃. [6] om.
C.F₁.F₁. and MS. of B. [7] et confirmandam, add. C.F₁.F₃. [8] Ut, C.; Utinam ut, F₁.F₃.
[9] Hoc, C.F₁.F₁. [10] apud uos c. sum, C.F₁.F₃. [11] et, C.F₁.F₃. [12] in, add. F₁.F₃. [13] præ-
staui, C.F₁.F₁. [14] nobis, C.F₁.F₃. [15] blasphemaretur, C.F₁.F₃. [16] nominibus, C.F₁. and
MS. of B. [17] et, add. C.F₁.F₁. [18] reddebant, F₁.. and adversum, F₃. [19] ego, C.F₁.
[20] om. C.F₁.F₁. and MS. of B. [21] propterea conseruarem, C.F₁.F₃. [22] infideli caperent,
C.F₁.F₁.; and MS. of B. om. non. [23] om. C.F₁.F₁. [24] minimo, F₁.F₃. [25] om. C.F₁.F₁.
and MS. of B. [26] dimedio scriptule, C.F₁.; dimidium scriptule, F₃. The screapall was an
ancient Irish coin, value about 3d. [27] Aut, C.F₁.F₃. [28] Add. B.; et, C.F₁.F₃.

[n] Prov. x. 1.   [o] Levit. xxiv. 16.   [p] 1 Sam. xii. 3.

[CONFESSIO S. PATRICII.]

poposci ab aliquo illorum vel pretium [1] calceamenti mei, dicite
[2] mihi; et reddam vobis[q] magis. Ego impendi [3] vobis, vt me
[4] caperent; et inter vos et ubique pergebam caussa vestra in multis
periculis, etiam usque ad exteras partes, ubi nemo ultra erat, et ubi
numquam aliquis peruenerat, qui baptizaret, aut clericos ordinaret,
aut populum [5] in fide confirmaret': donante Domino, diligenter [6] ac
libentissime pro salute vestra omnia [7] gessi. [8] Interea præmia [9] Regibus dabam; præter quod mercedem dabam' filijs ipsorum, qui
mecum ambulant: et [10] nihilominus comprehenderunt me [11] nunc
cum comitibus [12] meis, vt in' illa die auidissime [13] interficerent me.
Sed tempus nondum venerat. Et omnia quæcumque [14] habebamus
nobiscum' rapuerunt [15], et [16] meipsum ferro vinxerunt. Et quarto
decimo die absoluit me Dominus [17] a potestate eorum, et quidquid
nostrum fuit, redditum est nobis propter Deum et necessarios
amicos, quos ante [18] prouidimus. Vos autem experti estis [19] quanta
erogaueram eis', qui [20] indigebant per omnes regiones, [21] quas ego
frequentius visitabam: censeo enim non [22] minus quam pretium
quindecim hominum distribui illis. Ita, ut me fruamini et ego vobis
semper fruar in [23] Domino ([24] nec me pœnitet nec satis est mihi)
adhuc impendo et superimpendam: potens est [25] enim Dominus vt
det mihi postmodum, ut meipsum [26] impendam ac superimpendam'[r]
pro animabus vestris.] Ecce testem Deum inuoco in animam meam,
quia non mentior, [27] neque, ut [28] sit [29] occassio [30] vobis, neque ut
honorem [31] spero [32] ab aliquo viro': sufficit enim [33] honor, qui [34] non
[35] mentitur. Sed video iam in præsenti sæculo me supra modum
[36] exaltatus sum' a Domino; et non eram dignus neque talis ut
[37] hoc mihi' præstaret: dum scio [38] melius conuenit' paupertas et
calamitas quam [39] diuitiæ et diliciæ'. Sed et Christus Dominus

[1] uel, *add.* C.F₁.F₃. [2] aduersus me, C.F₁.F₃. [3] pro, *add.* F₁.F₃. [4] caperet, C.F₁.F₃.
[5]' consummaret, C.F₁.F₃. [6] et, C.F₁.F₃. [7] generaui, C.F₃.; generari, F₁. [8] Interim,
C.F₁.F₃. [9]' d. R. propter quod d. m., C.F₁.F₃. [10] nihil, C.F₁.F₃. [11] *om.* C.F₁.F₃.
[12]' meis. Et, C.F₁.F₃. [13] cupiebam interficere, C.F₁.F₃. [14]' nobiscum inuenerunt, C.F₁.F₃.;
and MS. of B. *om.* habebamus. [15] illud, *add.* C.F₁.; illa, *add.* F₃. (*on erasure*). [16] me, C.;
meipso, F₁. [17] de, C.F₁.F₃. [18] preuidimus, C.F₁.F.. [19]' quantum ego erogaui illis, C.F₁.F₃.
[20] indicabant, C.; iudicabant, F₁.F₃. *and MS. of* B. (The Brehon judges, probably.) [21] quos,
C.F₁.F₃. [22] minimum, C.F₁.F₃. (*and* F₃. *has an erasure for* quam). [23] Deum, C.F₁.F₃.
[24] Non, C.F₁.F₃. [25] *om.* C.F₁.F₃. [26]' impendat, C.F₁.; impendam, F₃. [27] quod, *add.* B. (*not
in their MS.*). [28] fit, B. [29] causa, B. [30] adulationis uel auaritie, scripserim, *add.* C F₁.F₃.B.
[31] sperarem, C.F₃.B.; serarem, F₁. [32]' uestrum, C.F₁.F₃.B. [33] mihi, *add.* F₁.F.B. [34] nondum,
F₁.F₃.B. [35] uidetur sed corde creditur. "Fidelis autem Qui promisit, nunquam, *add.* C.F₁.F₃.B.
[36]' exultatum, C.F₁.F₃.; exaltatum, B. [37]' m. h., B. [38]' certissime quod mihi m. c., C.F₁.F₃.:
certissime quod mihi c. m., B. [39]' dilitias et diuitias, C.F₁.; deliciæ et diuitiæ, F₃.B.

[q] 1 Sam. xii. 3. [r] 2 Cor. xii. 15.

[1] pauper fuit pro nobis[a]. Ego [2] vero miser et infelix, etsi opes voluero, iam non habeo, neque meipsum [3] iudico: quia quotidie [4] spero aut internicionem, aut circumueniri, aut redigi in seruitutem, siue [5] occassio cuiuslibet. [6] [Sed nihil horum vereor propter promissa cælorum: quia iactaui meipsum in manus Dei omnipotentis, [7] Qui vbique dominatur, sicut Propheta ait: "Iacta cogitatum tuum in [8] Dominum, et Ipse te enutriet[b]." Ecce [9] ego commendo' animam meam fidelissimo Deo meo, pro Quo [10] legatione fungor in ignobilitate mea: sed quia personam non accipit, et elegit me ad hoc officium, ut unus essem de Suis [11] minimus minister. "Unde autem retribuam Illi pro omnibus quæ [12] retribuit mihi[c];" [13] seu quid dicam [14] aut quid promittam Domino meo? Quia nihil [15] valeo nisi Ipse mihi dederit: sed [16] scrutatur corda et renes[x]; quia satis et nimis cupio, et paratus eram, ut donaret mihi bibere calicem [17], sicut indulsit [18] et ceteris amantibus S[e]. [19] Quapropter non [20] contingat mihi a Domino meo ut [21] unquam amittam plebem [22] Suam, quam acquisiuit in ultimis terræ. [23] Oro ergo' Deum ut [24] mihi det' perseuerantiam, et dignetur ut reddam Illi [25] me testem fidelem usque ad transitum meum propter Deum meum. Et, si aliquid boni [26] imitatus sum unquam' propter Deum meum Quem diligo, peto [27] Illi, [28] ut det mihi [29] quatenus cum illis proselytis et captiuis pro nomine Suo effundam sanguinem meum, etsi [30] ipsa etiam caream [31] sepultura, [32] et [33] miserrime cadauer per singula [34] diuidatur; [35] auibus, canibus, aut bestijs [36] ac feris proijciatur, vt comedant' illud. Certissime [37] enim reor, si mihi hoc [38] curæ sit', lucratus sum animam [39] in corpore meo: quia [40] nulla dubitatione in [41] illa die' resurgemus in claritate solis, hoc est in gloria [42] Iesu Christi redempti omnes erimus' quasi [43] filij Dei [y] [44] et cohæredes Christi, et conformes

---

[1'] pro nobis p. f., B.   [2] om. C.F₁.F₃.; and opus, F₃.   [3] dignum, add. B. (not in their MS.).
[4] sperno, C.F₃.   [5] occasionem, F₁. (on erasure); occasione, B.   [6] For the passage in brackets, from Sed nihil to prius euaseram, here taken from B., see above, in note 6, on p. 304.
[7] quia, C.F₁.; and dicit, F₁.F₃.   [8] Deum, C.F₁.F₃.   [9'] nunc c., C.F₁.; c. nunc, F₃.
[10] legationem, C.   [11] minimis, F₁.F₃.   [12] retribuat, F₁.F₃.   [13] sed, F.   [14] uel, C.F₁.F₃.
[15] uideo, C.F₁.F₃.   [16] scrutabor, C.F₁.F₃.   [17] Eius, add. C.F₁.F₃.   [18] om. C.F₁.F₃.   [19] Quia propter, C.; Quia, F₁.   [20] contingunt, C.F₁.F₃.; and Deo, F₁.F₃.   [21] nunquam, C.F₁.F₃.
[22] meam, C.   [23'] oro, C.F₃.; ora, F₁.   [24] d. m., C.F₁.F₃.   [25] om. C.F₁.F₃. and MS. of B.
[26'] unquam i. [inmitatus, F₁.] s., C.F₁.F₃.   [27] Illum, F₃.   [28] om. C.F₁.F₃.   [29] ut, C.F₁.F₃.
[30] ipsam, C.; ipsam, F₁.; ipse, F₃. (on erasure).   [31] sepulturam, C.F₁.   [32] aut, C.F₁.F₃.
[33] miserissime, C.; misserissime, F₁.; miserrime, F₃. (on erasure).   [34] membra, add. C.F₁.F₃.
[35] om. C.F₁.F₃.   [36'] aspersis, aut uolucres cœli comederent, C.: a. a. u. c. comederunt, F₁.; a. a. u. c. comederint, F₃.   [37] om. C.F₁.F₃.   [38'] incurrisset, C.F₁.F₃.   [39] cum, C.F₁.F₃.
[40] sine ulla, C.F₁.F₃.   [41'] d. i., C.F₁.F₃.   [42'] Christi Iesu Redemptoris nostri, C.F₁.F₃.
[43] filium, C.   [44] uiui, add. C.F₁.F₃.

[a] 2 Cor. viii. 9.   [b] Ps. lv. 22.   [c] Ps. cxvi. 12.
[x] Ps. vii. 9.   [y] Rom. viii. 17, 29.

[CONFESSIO S. PATRICII.]

[1] creaturæ imaginis ipsius: [2] quoniam ex Ipso, et per Ipsum, et in Ipso sunt omnia: Ipsi gloria in secula seculorum, Amen. In Illo enim regnaturi sumus'. Nam sol iste quem videmus, [3] Illo iubente, propter nos quotidie oritur, sed numquam regnabit [4] neque permanebit splendor eius: sed et omnes qui adorant eum in pœnam miseri male deuenient. Nos autem [5] qui credimus et adoramus solem verum [6] Iesum Christum, Qui numquam interibit; neque qui fecerit voluntatem [7] Suam [8] interibit sed manebit in æternum, [9] quomodo Christus [10] manet in æternum, Qui regnat cum Deo Patre omnipotente et [11] Spiritu Sancto ante secula, et nunc et per omnia secula seculorum, Amen. Ecce iterum [12] atque iterum' breuiter exponam verba Confessionis meæ. Testificor in veritate et in exultatione [13] coram Deo et sanctis angelis Eius, [14] quia numquam habui [15] ullam occasionem præter Euangelium et promissa Illius, ut unquam [16] redirem ad gentem' illam, unde [17] prius [18] euaseram.] Sed præcor credentibus [19] et timentibus Deum, quicumque dignatus fuerit inspicere vel recipere hanc scripturam, quam [20] Patricius peccator', indoctus scilicet, Hiberione [21] conscripsit; ut nemo umquam dicat, quod [22] mea ignorantia' si aliquid pussillum [23] egi vel demonstrauerim secundum [24]: sed arbitramini [25] et uerissime [26] credatur, quod [27] donum Dei' fuisset. Et hæc est confessio mea antequam moriar.

[28] Huc usque volumen quod Patricius manu conscripsit sua: septima decima Martii die translatus est Patricius ad caelos'.

[1] future, C.F₁.F₃.   [2]' C.F₃. *om. from* sunt *to* enim; F₁. *om. from* quoniam *to* sumus.
[3] Deo, F₃.; *om.* C.F₁.   [4] et, *add.* C.F₃.   [5] *om.* F₃.   [6] *om.* C.F₁.F₃.   [7] Ipsius, C.F₁.F₃.; *and just before,* fecerat, F₁.   [8] *om.* C.F₁.F₃. *and MS. of* B.   [9] quomodo et, F₁.F₃. (C. *om.* quomodo—æternum.)   [10] manebit, C.F₁.; permanebit, F₃.   [11] cum, *add.* C.F₁.F₃. [12]' iterumque, C.F₁.F₃.   [13] cordis, *add.* C.F₁.F₃.   [14] qui, C.F₁.F₃.   [15] aliquam, C.F₁.F₃. [16]' redderem agentem, C.F₁.F₃.   [17] autem, *add.* C.F₁.F₃.   [18] vix, *add.* C.F₁.F₃.   [19] ac, B. [20] peccator P., B.   [21] conscripsi, B.   [22]' m. ignoratia, F₁.; meæ ignorantiæ fuerit, B. (*but* fuerit *not in their MS.*).   [23] ego, C.F₁.F₃.   [24] Dei placitum, *add.* C.F₁.F₃.: p. D., *add.* B. *Marked as doubtful in margin of Book of Armagh.*   [25] ac, B.   [26] creditur, F₁.; credatis, B.   [27]' Dei, C.F₁.F₃.; Deus, B.   [28]' Added by the same hand at the end of the *Confessio* in the Book of Armagh.

[EPISTOLA S. PATRICII AD COROTICI SUBDITOS.]

[*Shortly before* A.D. 493 (?).]

EPISTOLA S. PATRICII

AD CHRISTIANOS COROTICI TYRANNI SUBDITOS.[1]

1. Patricius peccator indoctus[2], Hibcrione [3]constitutus [4]Episco-
pus, certissime reor, a Deo accepi id quod sum: inter [5]barbaras
[6]utique [7]gentes proselytus et profuga, ob amorem Dei. Testis [8]Ille
est', si ita est. Non quod optabam tam dure et tam aspere aliquid
[9]ex ore meo effundere: sed cogor zelo Dei [10]ac veritatis Christi
[11]excitatus, pro dilectione proximorum atque filiorum, pro quibus
tradidi patriam et parentes et animam meam, [12]quia usque ad
mortem si [13]dignus sum', [14]voui Deo meo docere gentes, etsi [15]nunc
contemnar a quibusdam'. [16]Et manu mea scripsi atque condidi
verba ista danda [17]ac tradenda militibus mittenda Corotici, non dico
ciuibus meis [18]atque ciuibus sanctorum Romanorum, sed ciuibus
dæmoniorum ob mala opera ipsorum, [19]qui Barbarorum' ritu hostili
in morte viuunt; socij Scotorum atque Pictorum apostatarum, [20]quasi
sanguine volentes saginari' innocentum Christianorum, quos ego
[21]innumeros Deo genui atque in Christo confirmaui.

2. Postera die qua [22]chrismati neophyti in veste candida, [23]dum
fides flagrabat' in fronte ipsorum, [24]crudeliter trucidati atque mactati
[25]sunt gladio, supradictis [26]misi epistolam cum sancto presbytero,
[27]quem ego ex infantia docui, cum clericis, ut nobis aliquid [28]indul-
geretur de præda vel de captiuis baptizatis quos [29]ceperunt: [30]sed
cachinnos fecerunt de illis. Idcirco nescio [31]quid magis lugeam':

---

[1] The text is taken from the Actt. SS., March 17, vol. ii. (B.); with various readings from
Cotton MS. Nero E. 1. (C.), and from Fell MSS., vols. i. and iii. (F₁,F₃,). The title above
given is added by the Bollandists. In C.F₁,F₃, the tract is introduced with merely, *Explicit liber
primus, Incipit secundus.* It has been printed with the *Confessio,* as above in note *, p. 296.
Coroticus probably = Ceredig, (the Christian) Prince of Ceredigion or Cardigan. [2] scilicet,
add. C.F₁,F₃. [3] constitutum, F₃. [4] Episcopum me esse fateor, C.F₁,F₃. [5] barbaros, F₁.
[6] itaque, C.F₁,F₃. [7] habito, C.F₁,F₃. [8] c. I., C.F₁,F₃. [9] et, F₁. [10] et, C.F₁,F₃.
[11] excitavit, C.F₁.; excitavit *me*, F₃. (*interlined*). [12] *om.* C.F₁,F₃, *and MS. of* B. [13] dignum
suum, C.; dignum sum, F₁. [14] noui, C; Uiuo, F₁. [15] contemptior a quibus, C.; contemnor
a quibus, F₁.; contempnor quibus, F₃. [16] *om.* C.F₁,F₃. [17] et, C.F₁,F₃. [18] neque, C.F₁,F₃.
[19] *om.* C.F₁,F₃, *and MS. of* B. [20] que sanguinolentos (sanguelentos, C.) sanguinare de
sanguine, C.F₁.; que sanguinolentos s. de s., F₁. [21] innumerum, C.F₁.F₃. [22] crismate, F₃.
[23] flagrabat, C.; flagrabant, F₃.; fragrabat, F₁.; *and fides, not in MS. of* B. [24] dum, *add.*
C.F₁,F₃. [25] *om.* C.F₁.F₃. *and MS. of* B. [26] F₁, *add.* C.F₁. [27] quam, F₁. [28] in-
dulgerent, C.F₁.F . [29] ceperant, F₃. [30] *om.* C.F₁,F₃. *and MS. of* B. [31] quod m. l., C.;
quos m. l., F₃.; quid m. lugebam, F₁.

[EPISTOLA S. PATRICII AD COROTICI SUBDITOS.]

an qui interfecti, vel quos ceperunt; vel quos grauiter Zabulus illa-
queauit, [1] qui [2] perenni pœnæ in gehenna' pariter cum ipso [3] manci-
pabuntur : quia utique " qui facit peccatum, seruus est [4] peccati [a],"
et filius [5] diaboli nuncupatur.

3. [6] Quapropter [7] resciat omnis homo timens Deum, quod [8] a me
alieni sunt et a Christo Deo meo, pro Quo [9] legatione fungor,
[10] patricidæ, et fratricidæ', lupi rapaces, " deuorantes plebem Domini
ut cibum panis [b]," sicut ait : " Iniqui dissipauerunt legem Tuam,
Domine [c] :" [11] quam in supremis temporibus Hiberione optime [12] et
benigne plantauerat atque [13] instruxerat.   Fauente [14] Deo, " non
usurpo [15] aliena [d] :" sed' partem habeo cum his, [16] quos [17] vocauit [18] ac
prædestinauit Euangelium prædicare in persecutionibus non paruis
usque ad extremum terræ ; etsi inuidet inimicus per tirannidem
Corotici, qui Deum non veretur, nec sacerdotes [19] Eius, quos [20] elegit,
et indulsit illis [21] summam [22] diuinamque [23] potestatem, " quos ligarent
super terram [24] esse ligatos' et in cælis [e]."

4. Unde ergo quæso [25] plurimum, sancti' et humiles corde, adulari
talibus non licet, nec cibum nec potum sumere cum ipsis, nec elee-
mosinas ipsorum [26] debent recipi', donec crudeliter [27] effusis lacrymis
pœnitentiam agentes satisfaciant Deo', et liberent seruos Dei et
ancillas Christi baptizatas, pro quibus mortuus est et crucifixus.
" Dona [28] enim iniquorum reprobat Altissimus [f]," [29] et " qui offert
sacrificium ex substantia [30] pauperis, quasi [31] qui victimat filium in
conspectu patris [31] [g] :" " [33] Diuitiæ," [34] inquit, " quas [35] congregauit
iniuste, euomentur de ventre eius, [36] angelus mortis trahit illum', ira
draconum [37] mulctabitur, interficiet illum [38] lingua colubri' [h]," [39] comedet
[40] eum " ignis inextinguibilis' [i] :" ideoque, " Væ qui replent se [41] his

---

[1] om. C.F₁.F₃. *and MS. of* B.   [2]' perhenne pena gehenne, F₃.; perenne pena gehennain,
C.F₁.   [3] mancipabunt, C.F₁.F₃.   [4] om. C.F₁.F₃.   [5] Zabuli, C.F₁.F₃.   [6] Quare propter,
C.; propter quam rem, F₃.   [7] sciat, C.F₃.   [8] om. C.   [9] legationem, C.F₁.   [10]' patri-
cida, fratricida, C.F₁.F₃.   [11] quoniam, C.   [12] om. C.F₁.F₃.   [13] instructa erat, C.F₁.F₃.
[14] Domino, F₁.   [15]' om. C.F₁.F₃. *and MS. of* B.   [16] om. F₁.   [17] aduocauit, C.F₁.F₃.
[18] et, C.F₁.F₃.   [19] Ipsius, C.F₁.F₃.   [20] egegit, F₁.   [21] summa, F₁.   [22] Diuinam,
C.F₁.F₃.   [23] sublimem, *add.* C.F₁.F₃.   [24]' l. e., C.F₁.F₃.   [25]' primum Dei, F₁.   [26]' recipere
debere, C.F₁.F₃.   [27]' p. e. l. satis Deo faciant, C.F₁.F₃.   [28] om. C.F₁.F₃.   [29] om.
C.F₁.F₃.   [30] pauperum, C.F₁.F₃.   [31] om. C.F₃.   [32] sui, *add.* C.F₁.F₃.   [33] Diuitias,
C.F₁.   [34] inquid, C.   [35] congregabit, C.F₃.; *and* injustus, F₃.   [36]' t. i. angelum ni.,
C.F₁.; t. i. angelus m., F₃.   [37] mucrabitur, F₁.   [38] linguam coluris, C.; lingua colubris, F₁.
[39] comedit, F₁.F₃.   [40] autem, *add.* F₁.   [41] om. C.F₁.F₃.

---

[a] John viii. 34, 44.   [d] *See* 2 Cor. x. 14.   [g] Ecclus. xxxiv. 24.
[b] Ps. xiv. 4, &c.   [e] Matt. xvi. 19, &c.   [h] Job xx. 15, 16, Lxx.
[c] Ps. cxix. 126.   [f] Ecclus. xxxiv. 23.   [i] Matt. iii. 12, &c.

[1]quæ non sunt sua [k]." [2]Et "quid prodest homini [3]si totum mundum lucretur [4]se autem ipsum perdat' et [5]detrimentum animæ suæ' patiatur [1]?" Longum est per singula [6]discurrere vel insinuare per totam legem [7]carptim testimonia de tali cupiditate. Auaritia mortale crimen. "Non concupisces rem proximi tui [m].—Non occides [n].— Homicida non potest esse cum Christo [o]: qui [8]enim odit fratrem suum homicida [9]esse adscribitur [p]." [10]Et, "Qui non diligit fratrem [11]suum [12]manet in morte' [q]." Quanto magis reus est, qui manus suas [13]coinquinat in sanguine filiorum Dei, quos nuper [14]conquisiuit in ultimis [15]finibus terræ per [16]exhortationem paruitatis nostræ?

5. Numquid sine Deo vel secundum carnem [17]Hibcrionem veni? Quis me compulit? Alligatus [18]sum spiritu ut [19]non videam aliquem de cognatione mea. Numquid [20]amo piam misericordiam, quod [21]sic ago erga [22]illam gentem', [23]quæ me aliquando [24]cepit, et [25]deuastauit seruos et ancillas [26]patris mei? Ingenuus [27]sum secundum carnem, [28]nam Decurione patre nascor: vendidi [29]autem nobilitatem meam (non erubesco [30]neque pœnitet) pro utilitate aliorum: denique [31]sum in Christo [32]traditus genti exteræ ob gloriam ineffabilem perennis vitæ, quæ est in Christo Iesu Domino nostro: et si mei [33]non cognoscunt, "Propheta in patria sua honorem non habet [t]." Forte non sumus [34]ex uno patre, neque' ex uno ouili: [35]sicut ait [36]Dominus: "Qui non est Mecum [37]contra Me est, et qui non congregat Mecum', spargit [s]." Non conuenit [38]si unus destruit, alter ædificat. [39]Num quæro quæ mea sunt?

6. Non mea gratia, sed Deus [40]hanc quidem' solicitudinem [41]dedit in corde meo, ut [42]essem de venatoribus siue [43]de [44]piscatoribus, quos olim Deus in nouissimis diebus ante prænuntiauit. Inuidetur

[1] qui, F₁.   [2] uel, C,F₁,F₃.   [3] ut, C.F₁.F₃.   [4'] om. C.F₁.F₃.   [5'] a. s. d., C,F₁,F₃.
[6] discutere, C,F₁,F₃.   [7] carpere, F₁.F₃.; capere, C.   [8] om. C.F₁,F₃.   [9] om. C.F₁F₃.
[10] Uel, C.F₁,F₃.   [11] om. C.   [12'] in m. manet, C.F₁.F₃.   [13] coinquinauit, C.F₁.F₃.
[11] adquis'uit, C.F₁,F₃.   [15] om. C.F₁.F₃.   [16] extationem, C.   [17] Hiberione, C.F₁,F₃.
[18] om. C.F..   [19] om. C.   [20] a me, C.F₁. (an erasure in F.).   [21] om. C.F₁.F₃. and MS. of B. (an erasure in F₃. for quod).   [22'] g. i., C.F₁,F₃.   [23] qui, C.F₁.F₃. (corrected to quæ, F₃.)   [24] ceperunt, C.F₁,F₃.   [25] deuastauerunt, C.F₁,F₃.   [26] domus, add. C.F₁,F₃.   [27] fui, C.F₁.F₃.   [28] om. C.F₁.F₃.; and Decorione, F₁.F₃.   [29] enim, C.F₁,F₃.   [30] neque me, C.F₁.F₃.   [31] scruus, add. C.F₁.F₃.   [32] om. C.F₁.F₃. and MS. of B.   [33] me, add. C.F₁.F₃.
[34'] om. C.F₁.F₃.   [35] neque unum Deum patrem habemus, add. C.F₁.; n. D. u. p. h., add. F₃.
[36] om. C.F₁.F₃.   [37'] om. C.   [38] om. C.F₁.F₃. and MS. of B.   [39] Non, C.F₁.F₃.   [40'] q. h., C.F₁.F₃.   [41] om. C.F₁.F₃. and MS. of B.   [42] unus, add. C.F₁.F₃.   [43] om. C.F₁.F₃.
[44] peccatoribus, F₁.

[k] Habak. ii. 6.   [n] Exod. xx. 13, &c.   [q] 1 John iii. 14.
[l] Matt. xvi. 26: Mark viii. 16.   [o] See 1 John iii. 15.   [r] Luke iv. 24.
[m] Exod. xx. 17, &c.   [p] 1 John iii. 15.   [s] Matt. xii. 30.

[EPISTOLA S. PATRICII AD COROTICI SUBDITOS.]

mihi. Quid faciam Domine? Valde despicior. Ecce oues Tuæ circa me laniantur atque deprædantur [1] a supradictis latrunculis, iubente Corotico [2] hoste: mente [3] enim longe est a caritate Dei traditor Christianorum in manus Scottorum atque Pictorum. "Lupi rapaces deglutierunt gregem Domini [1]," qui vtique Hiberione cum summa diligentia optime crescebat; et filij Scottorum [4] ac filiæ Regulorum monachi [5] fiebant et virgines Christi [6] quot enumerare nequeo. " [7] Qui propter iniuriam iustorum' non [8] Te placat Domine', etiam usque ad inferos non [9] placabit [u]."

7. Quis sanctorum non horreat iocundare vel [10] conuiuium facere' cum talibus? De spolijs defunctorum Christianorum repleuerunt domos suas; de rapinis viuunt, nesciunt [11] misereri. Venenum [12] bibunt, [13] letalem cibum porrigunt ad amicos et filios suos; sicut Eua non intellexit quod [14] utique mortem [15] tradidit viro suo: sic sunt omnes qui male agunt; mortem' perennem pœnamque [16] perpetuam [17] operantur. Consuetudo Romanorum [18] Gallorumque Christianorum [19] est, mittunt [20] presbiteros sanctos [21] et idoneos ad Francos [22] et exteras gentes' cum tot [23] millibus solidorum ad redimendos captiuos [24] baptizatos: tu [25] omnes interficis et vendis illos genti exteræ ignoranti Deum: quasi in lupanar tradis [26] membra Christi; qualem [27] ergo spem habes in Deum?

8. [28] Qui [29] tecum sentit', aut qui [30] communicat verbis [31] alienis et adulationi', Deus iudicabit: scriptum est enim: "Non solum facientes mala, sed etiam consentientes damnandi sunt [x]." Nescio quid dicam [32] aut quid loquar amplius de defunctis filiorum Dei, quos gladius supra modum [33] tetigit. Scriptum est enim: " [34] Flere cum flentibus [y]." Et iterum: "Si dolet unum membrum, [35] condolent omnia membra [z]." Quapropter Ecclesia [36] plorat et [37] plangit filios et

---

[1] et, C.F₁.F₃.   [2] hostili, F₃.; hostile, C.F₁. (*and no stop*).   [3] *om.* C.F₁.F₃.   [4] et, C.F₁.F₃.   [5] *om.* C.F₁.F₃. *and MS. of* B.   [6] *om.* C.F₁.F₃. *and MS. of* B.   [7]' quamobrem iniuria istorum, C.; quamobrem injuria iustorum, F₁.F₃.   [8]' Tibi placeat, F₃.; Te placeat, C.F₁.; Te placat, *MS. of* B.   [9] placebit, C.F₁.F₃.   [10]' conuiuium fruere, C.F₁.; conuiuio frui, F₃.   [11] miseri, C.F₁.F₃. (*and no stop*); *and* domus, *just before*, F₁.   [12] *om.* C.F₁.F₃.   [13] letale, C.F₁.; *and* et amicos, F₁.   [14] *om.* C.   [15]' *om.* C.F₃. (*by a homœoteleuton*).   [16] *om.* C.F₁.F₃.; *and* pœnam, F₁.F₃.   [17] operatur, F₃. (*on erasure*).   [18] Gallorum, C.F₁.F₃.   [19] *om.* C.F₁.F₃. *and MS. of* B.   [20] uiros, C.F₁.F₃.   [21] *om.* C.F₁.F₃. *and MS. of* B.   [22]' et ceteras gentes, C.F₁.F₃.   [23] milia, C.F₁.F₃.   [24] baptizat, C.F₁.F₃.   [25] totius, C.F₁.; toties, F₃.   [26] membris, F₁.   [27] *om.* C.F₁.F₃. *and MS. of* B.   [28] Uel, *add.* C.F₁.F₃.   [29]' te consentit, C.F₁.F₃.   [30] te, *add.* C.F₁.F₃.   [31]' adulationis, C.F₁.F₃.   [32] uel, C.F₁.F₃.   [33] dure, *add.* C.F₁.F₃.   [34] Flete, C.F₁.F₃.   [35] condoleant, C.F₁.F₃.   [36] ploret, F₁.   [37] planget, C.F₁.F₃.

[t] *See* Acts xx. 29.   [u] Ecclus. ix. 17.   [x] Rom. i. 32.   [y] Rom. xii. 15.   [z] 1 Cor. xii. 26.

filias suas, [1]quos adhuc [2]nondum gladius hostilis' interfecit, sed [3]exportati [4]sunt [5]per longa terrarum [6]spatia. [7]Ut peccatum [8]manifestæ grauetur impudentiæ, impudens ibi habitat et' abundat: ibi venundati ingenui homines Christiani in [9]scruitutem redacti sunt, præsertim indignissimorum [10]pessimorumque [11]atque [12]apostatarum Pictorum.

9. Idcirco cum tristitia et mœrore [13]vociferabor: O speciosissimi atque amantissimi fratres et filij, quos in Christo genui [14]nec enumerare [15]queo, quid faciam vobis? Non sum dignus [16]neque hominibus subuenire. "Præualuit iniquitas iniquorum [17]supra nos." [18]Forte non credunt [19]quod unum baptismum [20]percepimus [21]et unum Deum [22]habemus: indignum est illis [23]quod de' Hibernia nati sumus: [24]sic [25]enim [26]aiunt . . .[27]ᵃ Idcirco doleo pro vobis, doleo, carissimi mei: sed iterum gaudeo intra meipsum, [28]quia non gratis laboraui [29]et peregrinatio mea in [30]vanum [31]non fuitᵇ: et contigit scelus [32]illo in tempore' horrendum [33]et [34]ineffabile. Deo gratias: [35]credentes et' baptizati de [36]seculo recessistis ad paradisum. Cerno: vos migrare cœpistis ubi "nox non erit, neque luctus, neque mors [37]erit amplius ᶜ:" sed "exultabitis sicut vituli [38]resoluti, et conculcabitis iniquos, et erunt cinis sub pedibus vestris ᵈ."

10. Vos ergo regnabitis cum Apostolis et Prophetis atque Martyribus [39]et æterna regna capietis, sicut Ipse testatur [40]inquiens: "Venient ab Oriente [41]et Occidente et recumbent cum Abraam et Isaac et Iacob in regno cælorum ᵉ." "Foris [42]canes et [43]venefici et homicidæ et [44]mendaces et periuri' ᶠ:" pars eorum in [45]stagno ignis æterni: non [46]enim in vanum' ait Apostolus: "Ubi iustus vix saluus erit, peccator et impius [47]et transgressor legis ubi se [48]recognoscet ᵍ?"

---

[1] quas, C.F₁.F₃. [2] g. n., C.F₁.F₃. [3] prolongati et, *add.* C.F₁.F₃. [4] *om.* C.F₁.F₃. *and MS. of* B. [5] in, C.F₁.F₃. [6] *om.* C.F₁.F₃. [7] Ubi, C.F₁.F₃. [8] *manifesta* grauetur impudenter, C.; manifeste g. i., F₁.F₃. [9] scruitute, C.F₁.F₃. [10] pessimorum, C.F₁.F₃. [11] *om.* C.F₁.F₃. [12] apostatarumque, C.F₁.F₃. [13] uociterabo, C.F₁. [14] *om.* C.F₁.F₃. [15] nequeo, C.F₁.F₃. [16] Deo, *add.* C.F₁.F₃. [17] super, C.F₁.F₃. [18] Quasi extranei facti sumus, *add.* C.F₁.F. [19] *om.* C.F₁.F₃. *and MS. of* B. [20] percipimus, C.F₁.F₃. [21] uel, C.F₁.F₃. [22] patrem, *add.* F₁.F₃. [23] *om.* C.F₁.F₃. (Hiberia, C.F₁.F₃.; Yberia, MS. *of* B.). [24] sicut, C.F₁.F₃. [25] *om.* C.F₁.F₃. [26] ait, C.F₁.F . [27] "Nonne unum Deum habetis? Quid dereliquistis unusquisque proximum suum?" *add.* C.F₁.F₃. (*and MS. of* B., *but with* quod *for* quid). [28] *om.* C.F₁.F . [29] uel, C.F₁.F₃. [30] uacuum, C.F₁.F₃. [31] *om.* F₁. [32] tam, C.F₁.F₃. [33] *om.* C.F₁.F₃. [34] ineffabilem, F₁. [35] creduli, C.F₁.F₃. [36] celo, F₁. [37] *om.* C.F₁.F₃. [38] ex uinculis, *add.* C.F₁.F₃. [39] *om.* C.F₁.F₃. [40] inquit, C.F₁.F₃. [41] ab, F . [42] canis, F₁. [43] ueneficos, C.F₁.; uenefici, F₃. (*on erasure*); *and* homicidie, *and* par, F₁. [44] mendacibus periuris, C.F₁.; mendaces periuri, F₃. (*on erasure*). [45] stagnum, C.F₁.F₃. [46] immerito, F₃.; merito, C.F₁. [47] *om.* C.F₁.F₃. [48] recognoscit, C.F₁.F..

ᵃ Malachi ii. 10.   ᵇ *See* Gal. ii. 2; iv. 11.   ᶜ Rev. xxi. 4; xxii. 5.   ᵈ Malachi iv. 2, 3.
ᵉ Matt. viii. 11.   ᶠ Rev. xxii. 15.   ᵍ 1 Peter iv. 18.

[1] Ubi erit' Coroticus cum suis sceleratissimis [2] rebellatoribus Christi ? Ubi se videbunt, [3] qui mulierculas baptizatas [4] et prædia orphanorum spurcissimis satellitibus suis distribuunt' ob [5] miserum regnum temporale, quod utique in momento [6] transit sicut nubes vel fumus, qui utique vento dispergitur : ita peccatores [7] et fraudulenti a facie Domini peribunt : iusti autem [8] epulabuntur in magna constantia cum Christo, [9] et iudicabunt nationes, et Regibus iniquis dominabuntur in secula seculorum [h], Amen.

11. Testificor coram Deo et angelis [10] sanctis Suis, [11] quod ita erit sicut [12] intimauit [13] imperitia mea'. Non mea verba [14] sunt ista', sed Dei et Apostolorum atque Prophetarum, [15] qui numquam [16] mentiti sunt, [17] quæ ego in Latinum transtuli' ; [18] et "qui [19] crediderint salui erunt', qui vero non crediderit condemnabitur [i]:" Deus [20] enim locutus est. Quæso plurimum ut quicumque famulus Dei [21] promptus fuerit, ut sit gerulus litterarum harum, ut [22] nequaquam subtrahantur a nemine,' sed magis potius [23] legantur coram cunctis plebibus, et præsente ipso Corotico. Quod si Deus [24] inspiret illos ut quandoque [25] de eo' resipiscant, ita [26] ut vel sero pœniteant quod tam impie gesserunt. [27] Homicidæ erga fratres Domini fuerunt : [28] sed pœniteant' et liberent captiuas baptizatas, [29] quas [30] antea ceperunt ; ita ut [31] mereantur Deo viuere, et sani efficiantur hic et in æternum. Pax Patri et Filio et Spiritui Sancto. Amen.

[1] Unde enim, C.F₁.F₃.   [2] rebellatores, C.F₁.   [3] quum, F₃.; quam, C.F₁.   [4] præmia distribuuntur, C.F₁.; præmia distribuunt, F₃.   [5] miserere, C.; miscere, F₁.   [6] transeat, C.F₁.F₃.   [7] *om.* C.F₁.F₃.   [8] epulentur, C.F₁.F₃.   [9] *om.* C.F₁.F₃.   [10] *om.* C.F₁.F₃.   [11] quo, F₁.   [12] intimabit, F₁.; intimauerunt, F₃. (*on erasure*).   [13] imperitie mee, C.F₁.F₃.   [14] *om.* C.F₁.F₃.   [15] quod ego Latinum expc sui, *add.* C.F₁.F₃.   [16] enim, *add.* C.F₁.F₃.   [17] *om.* C.F₁.F₃.   [18] *om.* C.F₁.F₃.   [19] crediderit, saluus erit, C.F₁F₃.   [20] *om.* C.F₁.F₃.   [21] ut, *add.* C.F₁.F.   [22] nequaquam subtrahabatur ammine, F₁.   [23] legatur, C.F₁.F₃.   [24] inspirat, C.F₁.F₃.   [25] Deo, C.F₁.F₃.   [26] *om.* F₁.   [27] Homicida, C.F₁.; *and om.* fuerunt, F₁.F₃.   [28] *om.* C.F₁.F. (et, *also, is erased in* F₃.).   [29] quos, C.F₃.   [30] ante, C.F₁.F₃.   [31] mererentur, C.F₁.F₃. (*corrected in* F₃. *into* mereantur).

[h] Rev. xxii. 5.   [i] Mark xvi. 16.

[S. PATRICII CANTICUM SCOTTICUM.]

A.D. 440(?) × 493(?)   *The Lorica of S. Patrick*[n].

S. PATRICII CANTICUM SCOTTICUM.

I.

Atomriug indíu
Niurt trén togairm Trinoit,

Cretim Treodataid foísi[ti]n Oen-
datad,
In dúlemain dail.

2.

Atomriug indíu
Niurt Gene Crist co n-a Bathius,

Niurt Crochta co n-a Adnocul,

Niurt n-Eseirge co Fresgabail,

Niurt Tóniud do Brethemnas
Bratha.

3.

Atomriug indiu
Niurt Grád Hiruphin,
In urlataid Aingel,
[Ifrestul nan Archaingel,[b]]
Hi frescisin Eseirge ar cenn
fochraice,
In ernaigthib Huasal Athrach,
I tairchetlaib Fátha,
Hi praiceptaib Apstal,
In hiresaib Fuismedach,
In endga nóem Ingen,
Hi ngnímaib Fer Fírean.

4.

Atomriug indiu
Niurt nime,
Soilse gréne,
Etrochta snechtai,

1

I bind to myself to-day
The strong power of an invoca-
tion of the Trinity,
The faith of the Trinity in
Unity,
The Creator of the elements.

2.

I bind to myself to-day
The power of the Incarnation of
Christ with that of His Baptism,
The power of the Crucifixion, with
that of His Burial,
The power of the Resurrection,
with the Ascension,
The power of the Coming to the
sentence of Judgment.

3.

I bind to myself to-day
The power of the love of Seraphim,
In the obedience of Angels,
[In the service of Archangels,[b]]
In the hope of Resurrection unto
reward,
In the prayers of the noble Fathers[c],
In the predictions of the Prophets,
In the preaching of Apostles,
In the faith of Confessors,
In the purity of holy Virgins,
In the acts of Righteous men.

4.

I bind to myself to-day
The power of heaven,
The light of the Sun,
The whiteness of Snow,

Ane thened,
Dené lóchet,
Luathe gáethe,
Fudomna mara,
Tairisem talmain,
Cobsaidecht ailech.

The force of Fire,
The flashing of Lightning,
The velocity of Wind,
The depth of the Sea,
The stability of the Earth,
The hardness of Rocks.

5.

Atomriug indiu
Niurt Dé dom luamaracht,
Cumachta Dé dom chumgabail,
Ciall Dé domm imthús,
Rosc Dé dom reimcíse,
Cluas Dé dom éstecht,
Briathar Dé dom eriabrai,

Lám Dé domm imdegail,
Intech Dé dom remthechtas,
Sciath Dé dom dítin,
Sochraite Dé domm anucul,
  Ar intledaib demna,
  Ar aslaigthib dualche,

  Ar irnechtaib aicnid,
  Ar cech nduine mídús thrastar^d
    dam,
    I céin ocus in ocus,
    I n-uathed ocus hi sochaide.

5.

I bind to myself to-day
The power of God to guide me,
The might of God to uphold me,
The wisdom of God to teach me,
The eye of God to watch over me,
The ear of God to hear me,
The word of God to give me
  speech,
The hand of God to protect me,
The way of God to prevent me,
The shield of God to shelter me,
The host of God to defend me,
  Against the snares of demons,
  Against the temptations of
    vices,
  Against the lusts of nature,
  Against every man who medi-
    tates injury to me,
    Whether far or near,
    With few or with many.

6.

Tocuirius etrum thra na huile
  nert so.
  Fri cech nert n-amnas n-
    étrócar,
  Fristí dom churp ocus domm
    anmain,
  Fri tinchetla saibfáthe,

  Fri dubrechtu gentliuchta,

6.

I have set around me all these
  powers,
Against every hostile savage
  power,
Directed against my body and
  my soul,
Against the incantations of
  false prophets,
Against the black laws of
  heathenism,

Y

Fri sáibrechtu heretecda,
Fri himcellacht n-idlachta,
Fri brichta ban ocus goband
   ocus druad,
Fri cech fiss a ra chuiliu an-
   man duini.

Against the false laws of heresy,
Against the deceits of idolatry,
Against the spells of women,
   and smiths, and druids,
Against all knowledge which
   blinds the soul of man.

7.

Crist domm imdegail indíu
   Ar neim, ar loscud,

Ar badud, ar guin,

Conomthair ilar fochraice.

7.

Christ protect me to-day
   Against poison, against burn-
      ing,
   Against drowning, against
      wound,
   That I may receive abundant
      reward.

8.

Crist lim, Crist rium,
Crist im degaid, Crist innium,

Crist íssum, Crist úasum,

Crist dessum, Crist tuathum,

Crist illius,
Crist issius,
Crist i nerusᵉ.

8.

Christ with me, Christ before me,
Christ behind me, Christ within
   me,
Christ beneath me, Christ above
   me,
Christ at my right, Christ at my
   left,
Christ in the fort,
Christ in the chariot-seat,
Christ in the poopᵉ.

9.

Crist i cridiu cech duine imm
   imrorda,
Crist i n-gin cech óen rodom la-
   brathar,
Crist in cech rusc nom dercaedar,
Crist in cech cluais rodam cloa-
   thar.

9.

Christ in the heart of every man
   who thinks of me,
Christ in the mouth of every man
   who speaks to me,
Christ in every eye that sees me,
Christ in every ear that hears
   me.

10.

Atomriug indiu
Niurt tren togairm Trinoit,

10.

I bind to myself to-day
The strong power of an invoca-
   tion of the Trinity,

[S. PATRICII CANTICUM SCOTTICUM.]

Cretim Treodataid fóisitin Oen-
datad,
In dulemain [dail].

The faith of the Trinity in
Unity,
The Creator of [the elements].

11.

Domini est salus,
Domini est salus,
Christi est salus,
Salus tua Domine sit semper
nobiscum.

11.

Salvation is of the Lord,
Salvation is of the Lord,
Salvation is of Christ,
May thy salvation, O Lord, be
ever with us.

a From *Lib. Hymnorum* (MS. 7th century, acc. to Ussher, Trin. Coll., Dublin), as printed in Stokes's *Goidelica*, pp. 150, 151, 2nd ed., 1872. The Irish was first published by Dr. Petrie, *Essay on Tara*, pp. 57-67 (*Trans. Royal Irish. Soc.*, vol. xviii.). The translation is from Dr. Todd (*S. Patrick*, pp. 426-429).

Patraicc do rone inn immun sa. In aim-seir Loegaire MeicNeil do rigned. Fat a denma hautemdia diden co na manchaib ar naimdib in bais ro batar in etarnid ar na cleircheib. Ocus is luirech hirse inso fri him degail cuirp ocus anma ar demnaib ocus duinib ocus dual-chib. Cech duine nos geba cech dia co ninnithemleir i n-dia ni thairisfet demna fri a gnuis. Bid ditin do ar cech neim ocus format. Bid comna do fri dianbas. Bid lurech dia anmain iar n-a etsecht. Patraicc ro chan so in tan do rata na hetarnaidi ar a chinn o Loegaire, na digsed do silad chreitme co Temraig ; conid annsinn at chessa fiadlucht na n-etarnade comtis aige alta, ocus iarroe i n-a n-diaid i Benen. Ocus *Fæth Fiada* a hainm.

The legend referred to is mentioned in *Todd*, p. 424, from the Life of S. Patrick in the Book of Armagh.
    b Inserted by Mr. Stokes from a second copy of the Hymn in Bodl. Rawl. B. 512.
    c Patriarchs, Stokes.
    d *Leg.* mídúthrastar, Stokes.
    e " i.e. Christ when I am in the fort (at

It was held to be S. Patrick's as early as the 8th century, being referred to as his "Canticum Scotticum" by Tirechanus (*Annot. in V. S. Patric., Bk. of Armagh,* fol. 16 a. a., quoted by Petrie and Todd). In the *Lib. Hymn.* it is prefaced as follows:—

Patrick composed this hymn. In the time of Loegaire son of Nial it was composed. The cause of its composition was to protect himself and his monks against the enemies unto death, who were in ambush against the clergy. And this is a religious armour to protect body and soul against demons and men and vices. Every person who sings it every day with all his attention on God, shall not have demons appearing to his face. It will be a protection to him against every poison and envy. It will be a safeguard to him against sudden death. It will be an armour to his soul after his death. Patrick sang this at the time that the snares were set for him by Loegaire, that he might not come to propagate the faith to Temur ; so that it appeared to those who were lying in ambush that they were wild deer, and a fawn after them, that is, Benén [Benignus]. And *Feth Fiadha* [= The In-struction of the Deer, Petrie, but Stokes ren-ders it Guard's cry] is its name.

home), Christ when I am in the chariot-seat (travelling by land), Christ in the poop (tra-velling by water)." (Todd, ad loc.) The passage is translated differently in Dr. Petrie's *Essay.* And Mr. Stokes in his *Goidelica* translates it " Christ in breadth, Christ in length, Christ in height."

Before A.D. 448 (?). *Hymn of S. Sechnall (Secundinus) in praise of*
S. Patrick [a].

Incipit Ymnus Sancti Patricii, Episcopi Scotorum.

Audite, omnes amantes [1]Deum, sancta merita
Uiri in Christo beati Patricii Episcopi :
Quomodo bonum ob actum [2]simulatur angelis,
Perfectamque propter uitam aequatur Apostolis.

Beata Christi custodit mandata in omnibus;
Cuius opera refulgent clara inter homines,
Sanctumque cuius sequuntur exemplum mirificum;
Unde et in celis Patrem [3]magnificant Dominum'.

Constans in Dei [4]timore et fide immobilis,
Super [5]quem edificatur ut [6]Petrus Ecclesia;
Cuiusque Apostolatum a Deo sortitus est;
In [7]cuius [8]portae [9]aduersus inferni non preualent.

Dominus illum elegit, ut doceret barbaras
Nationes; [10]ut [11]piscaret per doctrinae retia;
[12]Ut de seculo credentes traheret ad gratiam,
[13]Dominumque sequerentur sedem ad aetheriam.

Electa Christi talenta uendit euangelica,
Quae [14]Hibernas inter gentes cum [15]usuris exigit;
[16]Nauigii huius laboris, [17]tum operae, pretium,
Cum Christo regni celestis [18]possessurus gaudium.

Fidelis Dei minister, insignisque nuntius,
Apostolicum exemplum formamque [19]praebet bonis;
Qui tam uerbis quam [20]et factis [21]plebi praedicat [22]Dei,
Ut quem dictis non conuertit, [23]actu prouocet bono.

[1] Dominum, C.   [2] Similatur, W, M.   [3] Magnificat Deum, C. See *Matt. V.* 16.
Vers. Ital.   [4] amore, C.   [5] Quae, M.   [6] Petrum. C, M, W.   [7] Quem, C.
[8] porta, W.   [9] aduersum, M.   [10] et, M.   [11] piscaretur, C.   [12] Et, M.
[13] Dominum qui, M.   [14] Euernas, B.   [15] usura, W.   [16] Navigiis, M.   [17] Dominum,
C (probably mistaking *tum* for *dum*).   [18] possedit, C.   [19] om. C.   [20] om. W.
[21] om. C.   [22] Dominum, W.   [23] fructu, M.

[HYMNUS S. SECUNDINI.]

Gloriam habet cum Christo, honorem in seculo;
    Qui ab [2]omnibus ut Dei ueneratur angelus;
    Quem Deus misit [25]ut Paulum ad gentes Apostolum,
    Ut hominibus ducatum praeberet regno Dei.

Humilis Dei ob metum spiritu et corpore,
    Super quem bonum ob actum [26]requiescit Dominus;
    Cuiusque [27]iusta in carne Christi portat stigmata;
    In Cuius sola [28]sustentans gloriatur [29]in cruce.

Impiger credentes pascit dapibus celestibus,
    Ne qui [30]uidentur cum Christo in uia [31]deficiant;
    Quibus erogat, [32]ut panes, uerba euangelica;
    [33]In cuius multiplicantur, ut manna, in manibus:

[34]Kastam qui' custodit carnem ob amorem Domini,
    Quam carnem templum parauit Sanctoque Spiritui;
    A Quo constanter cum mundis possidetur actibus,
    Quam [35]ut hostiam placentem uiuam offert Domino:

Lumenque mundi accensum ingens euangelicum,
    In candelabro leuatum, [36]toti fulgens seculo,
    Ciuitas regis munita supra montem posita,
    Copia in qua [37]est multa quam [38]Dominus possidet.

Maximus [39]nanque in regno celorum uocabitur,
    Qui quod uerbis docet sacris, factis adimplet bonis;
    Bono [40]precedit exemplo [41]formamque fidelium,
    Mundoque in corde habet ad [42]Deum fiduciam.

[43]Nomen Domini' audenter [44]annunciat gentibus,
    Quibus [45]lauacri salutis aeternam dat gratiam;
    Pro [46]quorum orat [47]delictis ad [48]Deum [49]quotidie;
    Pro quibus ut Deo dignas [50]immolatque hostias.

Omnem pro Diuina lege mundi spernit gloriam,
    [51]Que cuncta ad [52]cuius mensam estimat [53]ciscilia;
    Nec ingruenti mouetur mundi huius [54]fulmine,
    Sed in aduersis laetatur, cum pro Christo patitur.

[21] hominibus, B.   [25] om. B.   [26] requiescet, B.   [27] iuxta, C; sua, W.   [28] susten-dans, B; sustentante, C.   [29] om. C.   [30] *Misprinted* ridentur *in* W.   [31] deficient, W.   [32] om. C.   [33] om. W.   [34]' Castum qui, B; Castamque, C.   [35] et, B, M.   [36] toto, M.   [37] et, C.   [38] Deus, W.   [39] namque, C, M, W.   [40] procedit, C.   [41] formaque, C.   [42] Dominum, C.   [43]' Nomenque Dei, M.   [44] adnuntiat, M.   [45] lauacris, M.   [46] quarum, B, W.   [47] dilictis, B.   [48] Dominum, C.   [49] cotidie, B, M.   [50] ymolat-que, B.   [51] Qui, M, W.   [52] eius, W; Christi, C.   [53] quisquilias, C; quisquilia. M, W.   [54] flumine, W.

[HYMNUS S. SECUNDINI.]

Pastor bonus [55]ac fidelis gregis [56]euangelici;
Quem Deus Dei elegit custodire populum,
Suamque pascere plebem Diuinis dogmatibus;
Pro qua ad Christi exemplum suam [57]tradidit animam.

Quem pro meritis Saluator prouexit pontificem,
Ut in celesti moneret clericos [58]militia;
Celestem quibus annonam erogat cum uestibus,
Quod in Diuinis impletur sacrisque affatibus.

Regis nuntius inuitans credentes ad nuptias;
Qui ornatur uestimento [59]nuptiale indutus;
Qui celeste [60]aurit uinum in uasis celestibus,
Propinansque Dei plebem [61]spirituali poculo'.

Sacrum inuenit tesaurum sacro in uolumine,
Saluatorisque in carne [62]Dietatem [63]preuidit;
Quem tesaurum emit sanctis perfectisque meritis;
[64]Israel uocatur [65]huius anima uidens Deum.

Testis Domini fidelis in lege catholica,
Cuius uerba sunt Diuinis [66]condita oraculis;
Ne humane [67]putrent carnes [68]essaeque a uermibus,
Sed [69]celeste [70]salliuntur sapore ad uictimam.

Uerus cultor et insignis agri euangelici,
Cuius semina uidentur Christi [71]euangelia;
Quae [72]Diuino serit ore in aures prudentium,
[73]Quorumque corda ac mentes Sancto arat Spiritu.

Xps: illum Sibi [74]legit in terris uicarium,
[75]Qui de gemino [76]captiuos liberat seruitio;
Plerosque de seruitute quos redemit hominum,
Innumeros de [77]Zabuli [78]obsoluet dominio.

Ymnos cum Apocalipsi Psalmosque cantat Dei,
Quosque ad edificandum Dei tractat populum;
[79]Quam legem in Trinitate sacri credit Nominis,
[80]Tribusque Personis Unam docetque Substantiam.

[55] et, M. [56] euangelicae, B. [57] tradit, M. [58] *Misprinted* militiae *in* C.
[59] nuptiali, B, C, M, W. [60] haurit, C, M, W. [61] spiritale poculum, M; spiritali poculo, W. [62] Pietatem, C; Deitatem, M. W. [63] peruidet, C; peruidit, M.
[64] Hisrael, B; Israhel, M. [65] eius, B. [66] candida, M. [67] putant, M. [68] esaeque, C; escaque, W; aesseque, M. [69] coelesti, M, W [70] salientur, C; alleantur, M; sallientur. W. [71] euangelii, C. [72] Diuina, B. [73] Quorum quoque, M.
[74] elegit, M, W. [75] Quem, C. [76] captiuum, C. [77] Stabuli, W. [78] obsoluit, B, W; absoluit, C, M. [79] Quem, C. [80] Tribuque, B.

Zona Domini precinctus diebus [81]et noctibus,
Sine intermissione Deum orat Dominum;
Cuius ingentis laboris [82]percepturus [83]premium,
Cum Apostolis [84]regnabit [85]sanctus super [86]Israel.

[87]Audite omnes'.

[In memoria eterna erit iustus;
, Ab auditione mala non timebit[88].

Patricii laudes semper dicamus,
Ut nos cum illo defendat Deus.

Hibernenses omnes clamant ad te pueri,
Ueni, sancte Patricii, saluos nos facere[89].]

[81] ac, B.   [82] Praecepturus, W.   [83] praemia, C.   [84] regnauit, B.   [85] sanctis, W. [86] Israhel, M.   [87]' Audite et rl., B.   [88] Ps. cxi 7.   [89] B. *om.* the third of these couplets or antiphons, and *adds* at the beginning of them, *Or: = Oratio,* or *Oremus.* C. *om.* the first, and adds a third, viz. " Patricius sanctus Episcopus oret pro nobis omnibus, Ut deleantur protinus peccata que commisimus." M. gives this third (omitting the word *sanctus*), with that in the text which begins *Patricii laudes,* but *om.* the others. W. *om.* all.

ᴺ Printed from the *Lib. Hymn.* at Trin. Coll., Dublin, by Dr. Todd (*Bk. of Hymns of Anc. Cb. of Irel.,* P. I. pp. 11-24): also by Bishop Graves, *Catholic Layman,* vol. ii. no. 23, p. 134, Dubl. 1853. The Hymn also occurs in the *Leabbar Breac* (also at Dublin), here designated B; in Colgan (*Tr. Tb.,* p. 210), who first printed it, C; in Muratori's *Antipbon. Bencborense* (*Anecd. Ambros., IV.* 127-159), M; and in Ware (*App.* to *Opusc. S. Patric.,* pp. 146-150), W: each of these copies resting upon independent MS. authority. And their various readings are accordingly here given in the notes, from Dr. Todd. Villanueva simply reprinted the Hymn from Colgan and Ware. It is also in the MS. *Lib. Hymnor.* belonging to the Franciscan monastery at Dublin, lately brought there from Rome; and in the MS. consuetudinary of S. Patrick's, Dublin (14th cent.), now in the Univ. Libr., Cambridge (*Dr. Reeves*). S. Sechnall's death is placed by *Ann. Ult.* at A.D. 448. His Hymn was well known before the 8th century, being mentioned by Tirechanus as the Hymn of S. Patrick (*Bk. of Armagb,* fol. 16, a. a). And it is held to be genuine, and to have been written in S. Patrick's lifetime, by the best Irish antiquarian scholars. See Dr. Todd's copious notes for its history and author.

[The four documents above printed,—viz. S. Patrick's two tracts and Hymn, and S. Sechnall's Hymn,—appear to be the only authentic and contemporary documents of this Period. The tract *De Duodecim Abusionibus Sæculi* (in Ware's *Opusc. Patric.* and in Villanueva's, attributed also to S. Cyprian and to S. Augustine) was current among the Irish as S. Patrick's as early as the beginning of the 8th century (*Cod. Can. Hib.,* lib. xxiv. c. 3). And that *De Tribus Habitaculis* (likewise in Ware and Villanueva, and in the App. to S. Augustine, vol. vi.) was also assigned to S. Patrick, but not by Irish authorities. Internal evidence is conclusive in referring both to a later writer (see Todd's *S. Patrick,* p. 484). For S. Fiacc's Hymn, see below in Appendix C.]

APPENDIX A.

CANONS ATTRIBUTED TO S. PATRICK.

Canons attributed to a Synod of Bishops, consisting of S. Patrick, Auxilius, and Isserninus [a].

INCIPIT SINODUS EPISCOPORUM, ID EST, PATRICII, AUXILII, ISSERNINI.—Gratias agimus Deo Patri, et Filio, et Spiritui Sancto. *Presbiteris et diaconibus et omni clero*, PATRICIUS, AUXILIUS, ISSERNINUS, EPISCOPI, salutem.

Satius nobis neglegentes præmonere, quam culpare quæ facta sunt ; Solamone dicente, " Melius est arguere [quam] irasci [b]." Exempla difinitionis nostræ inferius conscripta sunt, et sic inchoant:—

1. Si quis in questionem captivis quæsierit in plebe suo jure sine permisione, meruit excommonicari [c].

2. Lectores denique cognoscant, unusquisque, ecclesiam in qua psallat.

3. Clericus vagus non sit in plebe.

4. Si quis permissionem acciperit, et collectum sit pretium, non plus exigat quam quod necessitas poscit [d].

5. Si quid supra manserit, ponat super altare pontificis, ut detur alii indigenti [e].

6. Quicunque clericus ab hostiario usque ad sacerdotem sine tunica visus fuerit, atque turpitudinem ventris et nuditatem non tegat, et si non more Romano capilli ejus tonsi sint [e], et uxor ejus si non velato capite ambulaverit, pariter a laicis contempnentur, et ab Ecclesia separentur.

7. Quicunque clericus ussus [f], neglegentiæ causa, ad collectas mane vel vespere non occurrerit, alienus habeatur, nisi forte jugo servitutis sit detentus.

8. Clericus si pro gentili homine fideiusor fuerit in quacunque quantitate, et si contigerit (quod mirum non est) per astutiam aliquam gentilis ille clerico fallat, rebus suis clericus ille solvat debitum ; nam si armis compugnaverit cum illo, merito extra Ecclesiam computetur [g].

9. Monachus et virgo, unus ab hinc, et alia ab aliunde, in uno hospitio non commaneant, nec in uno curru a villa in villam discurrant, nec adsidue invicem confabulationem exerceant.

10. Si [quis] incœptum boni operis ostenderit in psallendo, et nunc

intermisit, et comam habeat; ab Ecclesia excludendus, nisi statui priori se restituerit.

11. Quicunque clericus ab aliquo excommonicatus fuerit, et alius eum susciperit, ambo coæquali pœnitentia utantur.

12. Quicunque Christianus excomminicatus fuerit, nec ejus elimosina recipiatur ʰ.

13. Elimosinam a gentibus offerendam in Ecclesiam recipi non licet ʰ.

14. Christianus qui occiderit, aut fornicationem fecerit, aut more gentilium ad aruspicem juraverit, per singula cremina annum pœnitentiæ agat; impleto, cum testibus veniat, anno pœnitentiæ, et postea resolvetur a sacerdote ⁱ.

15. Et qui furtum fecerit, demedium pœniteat; viginti diebus cum pane; et, si fieri potest, rapta repræsentet; sic in Ecclesiam renuetur ʲ.

16. Christianus qui crediderit esse lamiam in sæculo ᵏ, quæ interpretatur striga, anathema[ti]zandus, quicunque super animam famam istam imposuerit; nec ante in Ecclesiam recipiendus, quam ut idem creminis, quod fecit, sua iterum voce revocet ˡ, et sic pœnitentiam cum omni diligentia agat.

17. Virgo quæ voverit Deo permanet ᵐ kasta, et postea nubserit carnalem sponsum, excommonis sit, donec convertatur: si conversa fuerit, et dimiserit adulterium ⁿ, pœnitentiam agat; et postea non in una domo nec in una villa habitent.

18. Si quis excommonis fuerit, nec nocte pascharum in ecclesiam non introeat, donec pœnitentiam recipiet.

19. Mulier Christiana, quæ acciperit virum honestis nuptîs, et postmodum discesserit a primo, et junxerit se adulterio ᵒ; quæ hæc fecit, excommonis sit.

20. Christianus qui fraudat debitum cujuslibet ritu gentilium, excommonis sit, donec solvat debitum.

21. Christianus cui dereliquerit aliquis, et provocat eum in judicium ᵖ, et non in Ecclesiam, ut ibi examinetur causa; qui sic fecerit, alienus sit.

22. Si quis tradiderit filiam suam viro honestis nuptîs, et amaverit alium, et consentit filiæ suæ, et acceperit dotem; ambo ab Æcclesia excludantur.

23. Si quis presbiterorum ecclesiam ædificaverit, non offerat antequam adducat suum pontificem, ut eam consecret; quia sic decet.

24. Si quis advena ingressus fuerit plebem, non ante baptizet ᑫ, neque offerat, neque consecret, nec ecclesiam ædificet, [do]nec permissionem accipiat ab Episcopo: nam qui a gentibus sperat permissionem, alienus sit ʳ.

25. Si quæ a religiosis hominibus donata fuerint, diebus illis quibus pontifex in singulis habitaverit Ecclesiis, pontificalia dona (sicut mos antiquus) ordinare ad Episcopum pertinebunt, sive ad ussum ⁿ necessarium, sive egentibus distribuendum, prout ipse Episcopus moderabit.

26. Si quis vero clericus contra venerit, et dona invadere fuerit deprehensus, ut turpis lucri cupidus ab Ecclesia sequestretur.

27. Clericus Episcopi in plebe quislibet novus ingressor, baptizare et offerre illum non licet, nec aliquid agere; qui si sic non faciat, excommonis sit.

28. Si quis clericorum excommonis fuerit, solus, non in eadem domo cum fratribus, orationem facit, nec offer[r]e nec consecrare licet, donec se faciat emendatum; qui si sic non fecerit, dupliciter vindicetur ᵗ.

29. Si quis fratrum accipere gratiam Dei voluerit, non ante baptizetur quam ut XLmum ᵘ agat.

30. Æpiscopus quislibet, qui de sua in alteram progreditur parruchiam, nec ordinare præsumat, nisi permissionem acceperit ab eo, qui in suo principatu ᵛ est; die Dominica offerat tantum susceptione, et obsequi hic contentus sit.

31. Si quis conduxerit e duobus clericis, quos discordare convenit per discordiam aliquam, prolatum uni e duobus hostem ad interficiendum, homicidam congruum est nominari: qui clericus ab omnibus rectis habetur alienus ʷ.

32. Si quis clericorum voluerit iuvare captivo, cum suo pretio illi subveniat; nam si per furtum illum inviolaverit, blasp[h]emantur multi clerici per unum latronem; qui sic fecerit, excommonis sit.

33. Clericus qui de Britanis ad nos venit sine epistola, etsi habitet in plebe, non licitum ministrare.

34. Diaconus nobiscum similiter, qui inconsultu suo abbate sine literis in aliam parruchiam absentat ˣ, nec cibum ministrare decet; et a suo presbitero, quem contempsit, per pœnitentiam vindicetur. Et monachus inconsultu abbate vagulus debet ʸ vindicari.

Finiunt Sinodi Distituta ᶻ. [MS. C.C.C.C. 279 (*olim* O. 20): and in *S., I.* 52–54; and *W., I.* 2, 3. Also in *Ware, Opusc. S. Patric.* pp. 42–46.]

ⁿ Of the canons here printed, under S. Patrick's name, this first series, which occurs as a whole, and is attributed to a single synod, is undoubtedly Irish. How far they are S. Patrick's, see below, in note ʳ. The amount of credence due to the heading, which assigns them to Patrick, Auxilius, and Isserninus, is not great (see however below in note ʳ): although the omission of the name of Secundinus may be accounted for, by his comparatively early death, which the Ann. Ult.

assign to A.D. 448. There is another (very imperfect) copy of them (15th century) in MS. C.C.C.C. 298, no. 22. The five miscellaneous canons, which are appended to them in Wilkins as S. Patrick's, are all to be found in the *Cod. Can. Hibern.*, printed below in its place, either briefly or at length; but only two of them, that printed here in Sect. II. no. 1 (at greater length than in the *Cod. Can.*) as the first of S. Patrick's single canons, and one relating to theft, are assigned to S. Patrick in that code. Of the others, one is from Isidore, another from an "Irish Synod," and the remaining one is simply a verse of S. Paul to Timothy. The collection in Ware (also in *Wilkins, I.* 6, 7) is to be found entirely in the code just referred to, and under S. Patrick's name. The Index to that code will guide the reader both to these, and to several others not in Ware. The second series here given, contains certain single canons attributed to S. Patrick, from various sources; omitting however those which will be found in full in the Code, in order to avoid repetition. The remaining or third series given here (and in Wilkins), which is printed by Spelman from a MS. given him by Ussher, is certainly not S. Patrick's, but is nevertheless Irish (see below, p. 333, note [a]). Strictly speaking, all these should have been printed with the Code so often referred to; since none of them can well be assigned to an earlier date than the end of the seventh century. But for convenience' sake, those collections which bear S. Patrick's name as a whole, and the single canons so designated, which are not in the *Cod. Can.*, or are only there in part, are placed here after S. Patrick's undoubted writings.

[b] *Cod. Can. Hibern., LXV.* 17.

[c] *Cod. Can. Hibern., XLI.* 25: adding "abbatis" after "permissione," and reading "redemptionem" for "in quæstionem."

[d] *Cod. Can. Hibern., XLI.* 26: adding "pontificis" after "permissionem."

[e] The part of this canon relating to the tonsure is in *Cod. Can. Hibern., LI.* 7, and is there also attributed to S. Patrick. It clearly cannot be really his.

[f] i. e. jussus.

[g] *Cod. Can. Hibern., XXXII.* 2.

[h] *Cod. Can. Hibern., XXXIX.* 8: reading "clericus" for "Christianus."

[i] *Cod. Can. Hibern., XXVII.* 10: reading "interrogat" for "juraverit," while Wilkins after Spelman reads "meaverit."

[j] *Cod. Can. Hibern., XXVIII.* 8.

[k] Corrected by Spelman and Wilkins into "speculo."

[l] Corrected in the MS. *prima manu* into "revocat."

[m] Corrected by Wilkins into "permanere."

[n] Corrected by Wilkins into "adulterum."

[o] Corrected by Spelman and Wilkins into "adultero."

[p] Miswritten in MS., "inductum."

[q] "baptizat," in MS.

[r] *Cod. Can. Hibern., XLII.* 4: as from "Synodus Patricii."

[s] i. e. "usum."

[t] *Cod. Can. Hibern., XXXIX.* 9.

[u] "quadragintessimum," Spelman.

[v] "principatum," in MS.

[w] *Cod. Can. Hibern., X.* (*a*). 1: but with no reference either to S. Patrick or Ireland, and with a different reading.

[x] "adsentiat," in Spelman.

[y] "decet," in Spelman.

[z] The general date of these canons must obviously be placed at a period when there was a settled Church in Ireland, yet while heathenism still ruled in parts of the country; when the Britons and the Irish (cc. 6, 33) had become estranged, *scil.* by the adoption of Roman customs by the latter (north as well as south) while the former retained the Celtic ones, i. e. at least after A.D. 716 but before A.D. 777 or 809 (see in vol. I. p. 204: and, lastly, when the Church had existed long enough in Ireland for a custom to arise and to have become "antiquus" (c. 25). The first years of the eighth century are the earliest possible date that can be assigned to the collection as a whole. It is obviously out of the question to trust seriously to the dates of the Annals (death of Isserninus A.D. 469, of Auxilius A.D. 460, and of Secundinus, who is not mentioned, A.D. 448) compared with the heading of the alleged synod; which, together, point to the date of A.D. 448 x 460. The numbering of the canons is due to Spelman. It is to be added, however, that the short preface together with canons 1, 4, 5, part of 6, 8, 12, 13, 14, 15, 24, 28, are quoted as S. Patrick's (24 as from "Synodus Patricii") in the *Cod. Can. Hibern.* of the beginning of the eighth century, printed below in its place; although it is impossible that one at least of them, *sc.* 6 (so far as relates to the Roman tonsure), can be really S. Patrick's.

II. *Single Canons attributed to S. Patrick.*

1. PATRICIUS, DE UNITATE ET SUBDITORUM * * * . Quis ergo audet scindere unitatem, quam nemo hominum solvere vel reprehendere potest [a]? "Multitudinis autem credentium erat cor unum et anima una, et nulla erat separatio in eis, nec quisquam ex bonis suis dicebat esse aliquid, sed erant illis omnia commonia: [...] gratia quoque erat magna super illos omnes;

nec vero in eis aliquis indigens; nam quicunque possessores agrorum aut
domorum erant, vendentes adferebant pretia illorum et ponebant ante Apostolorum [pedes], et dividebatur unicuique ut opus erat [......]. Quidam
autem vir, nomine Annanias, cum Safirra uxore sua [..]; et adferens partem aliquam ante pedes Apostolorum [...]: dixit autem Petrus illi, Annanias,
cur implevit Satanas cor tuum ad mentiendum Spiritui Sancto, ut fraudem
faceres de pretio agri? Nonne manens tibi manebat, et venditum in tua
potestate erat? Quare posuisti in corde tuo facere hoc malum? Non es
hominibus mentitus sed Deo. Audiens autem Annanias hæc verba cecidit
et expiravit[b]." [MS. C.C.C.C. 279 (*olim* O. 20), fol. 59–62: and partly in
S., I. 54; and *W., I.* 3, 4.]

[a] These words are cited as from "sinodus" (i. e. probably an Irish synod), in *Cod.
Can. Hibern., XX.* 9; but without the quo-
tation from the Acts.
[b] Acts iv. 32–35; v. 1–5 (not Vulg.).

2. *Canon of S. Patrick from the Book of Armagh* [a]. [fol. 21 b. b.]

Item quicumque similiter per industriam atque injuriam vel nequitiam
malum quodque opus contra familiam seu paruchiam ejus perficerit, aut
prædicta ejus insignia dispexerit, ad libertatem examinis ejusdem Airdd-
machæ præsulis recte judicantis perveniet caussa totius negotionis, cæteris
aliorum judicibus prætermissis.

Item quæcumque causa valde difficilis exorta fuerit atque ignota cunctis
Scotorum gentium judicibus, ad cathedram Archiepiscopi Hibernensium,
id est, Patricii, atque hujus antestitis examinationem recte refferenda.

Si vero in illa cum suis sapientibus facile sanari non poterit, caussa præ-
dictæ negotionis, ad sedem Apostolicam decrevimus esse mittendam, id est,
ad Petri Apostoli cathedram auctoritatem Romæ urbis habentem.

Hii sunt qui de hoc decreverunt, id est, Auxilius, Patricius, Secundinus,
Benignus. Post vero exitum Patricii sancti alumpni sui valde ejusdem
libros conscripserunt.

[a] Printed also in *Appendix CXVII.*, pp.
611, 612, of Mr. O'Curry's *Lectures on Materials of Ancient Irish History*, Dublin, 1861.
Part of the passage is in *Ussher, Relig. of
Ancient Irish, c. VIII., Opp. IV.* 330, note.
And a part of it is also in *Cod. Can. Hibern.,
XIX.* 5. The date of the canon is obviously
after the primacy of Armagh had been claimed
at least, if not established: probably in the 8th
century. The MS. of the Book of Armagh
is dated by Irish scholars, probably, in A.D. 807
(see *Todd, S. Patrick*, p. 288 n., and Dr.
Graves as there quoted).

III. *Canons of a Second Synod attributed to S. Patrick* [u].

I. *De habitatione cum fratribus peccatoribus.*

De eo quod mandastis de habitatione cum fratribus peccatoribus, audite Apostolum dicentem, " Cum hujusmodi ne cibum quidem sumere [1]." Non ejus escas sumas cum eo. Cæterum si bos sis et trituras, hoc est, si doctor es et doces, " non obturatur tibi os [2]," et " dignus es mercede tua [3];" sed " oleum peccatoris non impinguet caput tuum [4]," sed corripe adhuc et argue.

II. *De observationibus* [b] *eorum.*

Contentus tegmento et alimento tuo, cætera dona iniquorum reproba [5], quia non sumit lucerna nisi quod [c] alitur.

III. *De pœnitentia post ruinas.*

Statuitur, ut abbas videat, cui attribuetur potestas alligandi et solvendi; sed aptior est, juxta Scripturæ exempla, veniam. Si vero cum fletu [d] et lamentatione et lugubri cum veste sub custodia, pœnitentia brevis quam longa, et remissa cum temperamentis [e].

IV. [*De excommunicato repellendo* [f].]

Audi Dominum dicentem, " Si tibi non audierit, sit tibi velut gentilis et publicanus [g]." Non maledices, sed repelles excommunicatum a communione, et mensa, et missa, et pace; et si hæreticus est, post unam correptionem devita [7].

---

[a] The following (the mention of " D. Rothæus" excepted, which Wilkins has added,— he was titular Bishop of Ossory) is Spelman's account (as quoted in Wilkins) of the source whence the canons here given are derived. " Secundam hanc S. Patricii synodum ex Andegavensi bibliotheca transcriptum D[avid] Rothæus communicavit aliquando Jacobus Sirmondus, quorum ille eam ad reverendissimum patrem D. Jacobum Armachanum Archiepiscopum Primatem Hiberniæ misit, et eandem mihi præsul idem eruditione et pietate spectatissimus 1 Aprilis, 1628. De tempore autem, quo sit habita, neuter meminit, nec e synodo deprehenditur" (*Spelm. Conc., I.* 59). The canons in the two preceding articles, and those in the *Cod. Can. Hibern.* printed further on, and those in this

(so called) Second Synod, are indisputably Irish; but hardly S. Patrick's. Of this "Second Synod," cc. III., VIII., XIV., XXIII., XXIV., XXV., XXX., occur (as marked in the notes) in the *Cod. Can. Hibern.*, and are there referred in most cases (not to S. Patrick, but) to a Roman Synod as adopted by an Irish one. And can. XXVII. of the list is directly contrary to S. Patrick's own "Confessio" (above, p. 308, l. 21).

[b] " oblationibus," in Wilkins.

[c] Corrected by Spelman and Wilkins into " quo."

[d] " flem," in MS., corrected by Spelman into " fletu."

[e] *Cod. Can. Hibern., XLVI.* 8: but with a varied text.

[f] Added by Spelman.

---

[1] 1 Cor. v. 11.   [2] Deut. xxv. 4; 1 Cor. ix. 9.   [3] 1 Tim. v. 18.
[4] Ps. cxl. 5. V.   [5] Ecclus. xxxiv. 23.   [6] Matt. xviii. 17.   [7] Tit. iii. 10.

V. *De suspectis causis.*

Audi Dominum dicentem, " Sinite utraque crescere usque ad messem[1] ;" —hoc est, " donec veniat, Qui manifestabit consilia cordium[1];"—ne judicium ante diem judicii facias. Vide Iudam ad mensam Domini, et latronem in paradiso.

VI. *De vindictis Ecclesiæ.*

Audi item Dominum dicentem, " Qui effuderit sanguinem innocentem, sanguis ipsius effundetur[2];" sed ab eo qui portat gladium; dictator[g] autem vindictæ innocens habetur. De cæteris autem per legem Evangelicam, ab eo loco in quo ait, " Et eum qui aufert aliquid a te, ne repetas[3];" sed libenter, si ipse quid referat, humiliter recipias.

VII. *De baptismatis incertis.*

Statuunt ne rebaptizati [sint], qui symboli traditione[m] a quocunque acceperunt, quia non inficit semen seminantis iniquitas. Sin vero, non est rebaptizare, sed baptizare. Non abluendos[h] autem lapsos a fide credamus, nisi per impositionem manus accepi[antur[i]].

VIII. *De reis autem abstractis ab Ecclesia.*

Non ad reorum defensionem facta est Ecclesia; sed judicibus persuadendum est, ut[k] spiritali morte eos occiderent, qui ad sinum matris Ecclesiæ confugiunt[l].

IX. *De lapsis post gradum.*

Audi canonica instituta. Qui cum gradu cecidit, sine gradu surgat. Contentus nomine tantum, amittat ministerium: nisi qui tantum a conspectu Domini peccans non recessit.

X. *desideratur.*

XI. *De separatione sexuum post lapsum.*

Consideret unusquisque in conscientia sua, si amor et desiderium cessavit peccati, quia corpus mortuum non inficit corpus alterius mortui; sin vero, separentur.

---

[g] " dictatur," in MS., and Spelman.
[h] Corrected by Wilkins into " absoluendos."
[i] So Wilkins. " Accepi " in Spelman from the MS.
[k] Corrected by Wilkins into " ne :" wrongly, as appears by the *Cod. Can. Hibern.*
[l] *Cod. Can. Hibern.*, XXVII. 14.

[1] Matt. xiii. 30; 1 Cor. iv. 5.   [2] Gen. ix. 6.   [3] Matt. v. 42.

XII. *De oblatione pro defunctis.*

Audi Apostolum dicentem, "Est autem peccatum ad mortem, non pro illo dico ut roget quis [1]." Et Dominus, "Nolite donare sanctum canibus [2]." Qui enim in vita sua non merebitur [m] sacrificium accipere, quomodo post mortem illi poterit adjuvare?

XIII. *De sacrificio.*

In nocte Paschæ, si fas est ferre foras, non foras fertur, sed fidelibus deferatur [n]. Quid aliud significat quod in una domo sumitur agnus, quam [quod o] sub uno fidei culmine creditur et communicatur Christus?

XIV. *De abstinentia votiva vel legali a cibis* [p].

Statutum, ut [post] Christi adventum sponsi nullas ratas leges inveniat jejunii. Quid autem inter Novatianum et Christianum interest, nisi quod Novatianus indesinenter, Christianus vero per tempus abstineat; ut locus, et tempus, et persona per omnia observetur [q].

XV. *De relinquenda vel docenda patria.*

Docenda patria prius, per exemplum Domini; et derelinquenda postea si non proficiet [r], juxta exemplum Apostoli. Sed qui potest facere [s], licet periclitatur, ubique doceat, et se ostendat; qui vero non potest, taceat et abscondat. Alius quippe ab Jesu in domum suam mittitur, alius sequi jubetur [3].

XVI. *De falsis Episcopis.*

Qui non secundum Apostolum electus est ab altero Episcopo, est damnandus; deinde ad reliquam plebem declinandus et degradandus.

XVII. *De præposito monachorum.*

Monachi sunt, qui solitarii sine terrenis opibus habitant sub potestate Episcopi vel abbatis. Non sunt autem monachi, sed vactro-periti [t] (hoc

[m] Corrected by Wilkins into "merebatur."
[n] Altered by Wilkins into "defertur."
[o] Added by Wilkins.
[p] So Wilkins by conjecture. The MS. in Spelman has, "De abstinenti insoltivi lequat a cibis."
[q] *Cod. Can. Hibern., XI.* 15.
[r] Altered by Wilkins into "proficiat."
[s] Altered by Wilkins into "proficere."

[t] "Bactro-peratæ," from βάκτρον and πήρα, is a contemptuous name for "philosophi," applied by S. Jerom (*in Matt.* xix.) to corrupt monks: who, as he proceeds to say, were "contemptores sæculi." For "solliciti," in the text, should probably be read "sæculi." But even so amended, some words seem to have dropped out of the text.

[1] 1 John v. 16.   [2] Matt. vii. 6.   [3] Luke viii. 39; Matt. ix. 9; &c.

est, contemptores solliciti). Ad vitam perfectam in ætate perfecta (hoc est, a viginti annis) debet unusquisque constringi, non adtestando sed voto perficiendo: ut est illud, "Unusquisque sicut proposuit corde suo faciat [1];" et, "Ut vota mea reddam in conspectu Domini [2]," et reliqua. Quo voto vivitur, situs locorum coartat, si superabundantia in omnibus devitetur in vita; quia in frigore et nuditate, in fame et siti, in vigiliis et jejuniis, vocati sunt.

XVIII. *De tribus seminibus Evangeliorum* [3].

Centesimum Episcopi et doctores, qui omnibus omnia sunt; sexagesimum clerici, et viduæ, qui continentes sunt; tricesimum laici, qui fideles sunt, qui perfecte Trinitatem credunt. Iis amplius non est in messe Domini. Monachos vero et virgines cum centesimis jungimus.

XIX. *Qua ætate baptizandi sunt.*

Octavo die chatechumeni sunt; postea, solemnitatibus Domini baptizantur, id est, Pascha, et Pentecoste, et Epiphania.

XX. *De parrociis.*

Cum monachis non est dicendum, quorum malum est inauditum, qui unitatem vero plebis non incongrue suscepimus.

XXI. *De retinendis vel dimittendis monachis.*

Unusquisque fructum suum in Ecclesia, in qua imbutus est, perfruatur; nisi causa majoris profectus ad alterius [u] ferre permissa [x] abbatis cogat. Si vero ex[t]i[t]erit [y] causa utilior, cum benedictione dicatur, "Ecce Agnus Dei [1];" non quod [z] sua sunt singuli quærentes, sed quæ Iesu Christi [a]: vocationis [a] autem causam non permittunt [b] subditos discurrere.

XXII. *De sumenda Eucharistia post lapsum.*

Post examinationem carceris [c] sumenda est; maxime autem in nocte Paschæ, in qua qui non communicat, fidelis non est. Ideo brevia sunt et stricta apud eos spatia, ne anima fidelis intereat tanto tempore jejuna medicinæ; Domino dicente, "Nisi manducaveritis carnem Filii hominis, non habebitis vitam in vobis [6]."

---

[u] So corrected by Wilkins: "adulteris," in Spelman.
[x] Altered by Wilkins into "permisso."
[y] So altered by Wilkins: "exierit," in Spelman.

[z] Corrected by Wilkins into "quæ."
[a] "vacationis" is a needless correction.
[b] Altered by Wilkins into "permittant."
For "discurrere," Wilkins has "discutere."
[c] *leg.* "carnis," Wilkins.

[1] 1 Cor. ix. 7 (not Vulg.).
[3] Matt. xiii. 23; &c.
[2] Ps. cxv. 18, &c. Vulg. ("in conspectu *populi*").
[4] John i. 36.
[a b] Phil. ii. 21.
[6] John vi. 54.

XXIII. *De juramento.*

" Non jurare omnino [1]." De hoc consequente [d] lectionis series docet non adjurandam esse creaturam aliam, nisi Creatorem : ut prophetis mos est,— " Vivit Dominus," et, " Vivit anima mea," et, " Vivit Dominus Cui assisto hodie [2]." Finis autem contradictionis est nisi Domino [3]. Omni [e] enim quod amat homo, hoc et juratur [f].

XXIV. *De contentione duorum absque testibus.*

Statuunt, ut per quatuor sancta evangelia, antequam communicet, testatur, quid probatur; et deinde sub judice fama relinquatur [g].

XXV. *De toro fratris defuncti.*

Audi decreta synodi,—" Superstes [h] frater thorum defuncti fratris non ascendat :"—Domino dicente, " Erunt duo in carne una [4] :" ergo uxor fratris tui soror tua est [i].

XXVI. *De meretrice conjuge.*

Audi Dominum dicentem,—" Qui adhæret meretrici, unum corpus efficitur [5]." Item,—" Adultera lapidetur [6] :"—id est, huic vitio moriatur, ut desinat crescere quæ non desinit mœchari. Item, si adulterata fuerit mulier, nunquid revertitur ad virum suum priorem. Item, " Non licet viro dimittere uxorem, nisi ob causam fornicationis [7] :"—ac si dicat, ob hanc causam ; unde, si ducat alteram velut post mortem prioris, non vetant.

XXVII. *De voluntate virginis vel patris in conjugio.*

Quod vult pater, faciat virgo, quia caput mulieris vir. Sed requirenda est a patre voluntas virginis, dum " Deus reliquit hominem in manu consilii sui [8]."

XXVIII. *De primis vel secundis votis.*

Eadem ratione observanda sunt prima vota, et prima conjugia, ut secundis prima non sint irrita, nisi fuerint adulterata.

---

d *leg.* consequentia, *and om.* series: the words are from S. Jerom.
e *leg.* omne.
f *Cod. Can. Hibern., XXXIV.* 3.

g *Cod. Can. Hibern., XV.* 14; reading " flamma " for " fama."
h " super istis," in Spelman.
i *Cod. Can. Hibern., XLV.* 35·

[1] Matt. v. 34.   [2] 1 Sam. xxv. 26; 1 Kings xvii. 1 (not Vulg.); &c. &c.
[3] Hebr. vi. 16.   [4] Gen. ii. 24; Matt. xix. 5; &c.   [5] 1 Cor. vi. 16.
[6] Levit. xx. 10; Deut. xxii. 22.   [7] Matt. xix. 9.   [8] Ecclus. xv. 14.

XXIX. *De consanguinitate in conjugio.*

Intelligite quid Lex loquitur, non minus nec plus: quod autem observatur apud nos, ut quatuor genera dividantur, nec vidisse dicunt nec legisse.

XXX. *De vindicandis adsuetis.*

Nunquam vetitum[k]; licet. Verum observandæ sunt leges jubilei, hoc est, quinquaginta anni, ut non adfirmetur[l] incerta vice ratio[m] temporis. Et ideo omnis negotia[tio] subscriptione Romanorum confirmanda est[n].

XXXI. *De gentilibus qui ante baptismum credunt, quam pœnitentiam habeant.*

Remittuntur quidem omnium peccata in baptismo; sed qui cum fideli conscientia infidelis temporarius[o] vixit, ut fidelis peccator judicandus est.

Finit Patricii Synodus. [*S.*, *I.* 55–59; *W.*, *I.* 4–6; *Ware,* pp. 31–39.]

---

[k] " vetitus," in Spelman.
[l] Altered by Wilkins into " infirmetur."
[m] So Wilkins : " rato," in Spelman.

[n] *Cod. Can. Hibern.*, *XXXV.* 8.
[o] " infidelem tempor...," in Spelman.

APPENDIX B.

[1. *Place, Time, and History of the Code.*]

Locc don laidse Teamuir, ocus loc do Seanchus hi samrad ocus i fogmur, ar a glainni [ocus ar-a-haibne] is na haimscraib sin; ocus Raith gut aird, in baili adta Lec Patraic aniu, i nGlind na mbodur, i fagus do Nith nemundach, a loc

The place of this Poem and the place of the Senchus was Teamhair[a], in the summer and in the autumn, on account of its cleanness and pleasantness during these seasons; and Rath-guthaird[b], where the stone of Patrick is at this day in Glenn-na-

---

[1] The *Senchus Mòr* is the code of the old Irish law, derived from Pagan times, but drawn into the form of a code, and modified so as to be in harmony with Christianity and to recognize the Christian Church, under the influence of Christian ecclesiastics. The date at which it was compiled, is affirmed by itself, and by the *IV. Mag.*, to have been that of S. Patrick; who with Benignus and Cairnech makes up the ecclesiastical trio of its nine alleged compilers. Irish scholars like Dr. O'Donovan assert the language of the code itself, apart from the Introduction and the Glosses, to be consistent with such a date. The place also at which it was in part drawn up, viz. Tara, which ceased to be a royal residence A.D. 565, indicates that it was at least commenced before (at latest) that year. On the other hand, the more than questionable Christianity of at least two of the Kings named as among its compilers,—the analogous case of Howel Dda's Laws, where the mere fact of a triple code (besides other difficulties) shews that the literal statement of its origin only approximates to the truth,—the great improbability that the influence and the territorial endowments of the Church could have been so great in Ireland at that early date,—and the general presumptions that lie against the literal truth of a legend of

such a character and period,—incline to the conclusion that the story in the Introduction contains only a nucleus of truth; and that Dr. Todd's is the soberer judgment, who holds it "not impossible that such a work may have been begun in the times of S. Patrick, but that the Senchus Mòr in its present form cannot be of so remote an age;" although he would date even the later portions (now, however, we suppose, inseparable from the rest) as not later than the 9th or 10th centuries. The 13th century appears to be the earliest date of any existing MS. The Irish, with a translation, of a portion of the code, was published at Dublin, vol. i. in 1865, vol. ii. in 1869, under the authority of a Royal Commission for the purpose, by Dr. W. Neilson Hancock, with the cooperation of Mr. O'Curry and Dr. O'Donovan until their deaths, and then of Professor Thaddeus O'Mahony; under the title of *Ancient Laws of Ireland—Senchus Mòr. Vol. I. Introduction to Senchus Mòr, and Athgabail, or Law of Distress, as contained in the Harleian MSS.; and vol. II. Law of Listress completed, Laws of Hostage-Sureties, Fosterage, Saer-Stock Tenure, Daer-Stock Tenure, and of Social Connexions.* Other volumes are to follow. The extracts here given are those portions only which refer to the Church.

a ngeimrid ocus a n-erraċ, ar gaire leo a conad ocus a uisce, ocus ar tesaideċt i naimsir in geamfuaċta.

Ocus it inunda aimser doib, aimser Laegaire mic Neil, Rig Eirenn; ocus Teiosius rob aird rig in domain and in tan sin, ocus deismereċt airside, ut dixit in filed—

" Patraic ro baithuis go li,
" In aimsir Tethosi,
" Pritcuis soiscela cen mei,
" Do tuaiŧ molfaiġ mac Miled."

Ocus persa do Seancus lin persannu in tSencusa, .i. :—

" Laegairi, Corc, Dairi dur,
" Patraic, Bencoin, Cairneach coir,
" Rosa, Dubiaċ, Fergus co feib,
" Naei sailgi sin tSencuis moir."

Persa na laide imorro Dubṫhaċ Mac ua Lugair, riġ filed bfer nErend.

Tucait a denmu in tSencusa; Patraig do toideċt i nErind do siladÉ baiuis ocus credme do Gaeideluib, .i. is in nomad bliadain do ḟlaiteas Tetosi, ocus is in ceiramad bliadain do ḟlaiius Laegaire mic Neill, Rig Erenn.

*   *   *   *   *c

mbodhur, near Nith nemonnach, was the place during the winter and the spring, on account of the nearness of its fire-wood and its water, and on account of its warmth in the time of winter's cold.

And they were composed at the same time—in the time of Laeghaire, son of Niall, King of Erin ; and Theodosius was monarch of the world at that time, and it was in commemoration of this the poet said :—

" Patrick baptized with glory,
" In the time of Theodosius,
" He preached the Gospel without failure
" To the glorious people of Milidh's sons."

And the authors of the Senchus were the number of the persons of the Senchus—viz.,

" Laeghaire, Corc, Dairi the hardy,
" Patrick, Benen, Cairnech the just,
" Rossa, Dubhthach, Ferghus with science,
" These were the nine pillars of the Senchus Mor."

But the author of the Poem was Dubhthach Mac ua Lugair, royal poet of the men of Erin.

The cause of the Senchus having been composed was this :—Patrick came to Erin to baptize and to disseminate religion among the Gaeidhil, i. e., in the ninth year of the reign of Theodosius, and in the fourth year of the reign of Laeghaire, son of Niall, King of Erin.

*   *   *   *   *c

Iarsin mbreii sin tra ro forcongrad o Patraic for feraib Eirenn ar co tistais co haen maigin fri haentaid imac[a]lma do. Iar tiaċtain imurro doib don dail ro pritċad soscela Crist doib uili ; ocus ot cuas dferaib Eirenn marbad na mbeo ocus beouġad na marb, ocus uili comaċta Patraic, iar tiaċtain do i n-Eirinn ; ocus ot ċondcatar Laegaire cona druidib do saruġad tria firta ocus mirbaile dermara i fiadnaisi fer n-E-rend, roslectsat for, ogreir De ocus Patraic.

Is and asbert Laegaire : " Riciai a les, a firu Eirenn, suidiuġad ocus orduġad cach rechta lind [cid cenmoia in ni seo"]. " Is ferr a denam," ol Patraicc. Is and sin tarrcomlad caċ aes dana la hErind co tarfen cach a ceird fia Patraic, ar bélaib caċa flaia la hErind.

Is and ro herbad do Dubthaċ tasfenad breiiemnusa ocus uile fili-deċta Eirenn, ocus nach rechta ro falnasat la firu Eirenn, i rect aicnid ocus [a reċt faidi] ocus i mbreiaib innsi Eirend ocus i filedaib.

Toairngertatur do nicfad berla ban bias, i. recht litre ; ar in Spirut naem ro labrastar ocus do aircechain tria ginu na fer fireon cet rabatur i n-innis Erenn, amail do n-airceċain tria ginu na [prim faidi] ocus na n-uasal aitre, i reċt petarlaice ; a ro

After this sentence Patrick requested of the men of Erin to come to one place to hold a conference with him. When they came to the conference the Gospel of Christ was preached to them all; and when the men of Erin heard of the killing of the living and the resuscitation of the dead, and all the power of Patrick since his arrival in Erin ; and when they saw Laeghaire with his druids overcome by the great signs and miracles *wrought* in the presence of the men of Erin, they bowed down, in obedience to the will of God and Patrick.

Then Laeghaire said—" It is necessary for you, O men of Erin, that every other law should be settled and arranged by us, as well as this." " It is better to do so," said Patrick. It was then that all the professors of the sciences in Erin were assembled, and each of them exhibited his art before Patrick, in the presence of every chief in Erin.

It was then Dubhthach was ordered to exhibit the judgments and all the poetry of Erin, and every law which prevailed among the men of Erin, through the law of nature, and the law of the seers, and in the judgments of the island of Erin, and in the poets.

They had foretold that the bright word of blessing would come, i. e. the law of the letter; for it was the Holy Spirit that spoke and prophesied through the mouths of the just men who were formerly in the island of Erin, as he had prophesied through siact rect aicnid mar nad rochat recht litri.

Ina breia fir aicnid tra din ro labairustar in Spirit naem tria ginu breitemon ocus filid fireoin fer n-Eirenn, o congabad in insi so co creitium anall, dos airfen Dubthac uile do Patraic. Ni din nad taudcaid fri breitir nDe i rect litri ocus nufiadnaise, ocus fri cuibsena cresion, conairged in ord breitemnacta la Patraic ocus eclaisi ocus flaite Erenn ; doneoch robba dir rect aicnid [uile] ingi cretium, ocus a coir ocus comuaim n-Eclaisi fri tuait. Conide Senchus mar insen.

Nonbur tra do erglas do ordugad in liubairsi, .i. Patraic, ocus Beneoin, ocus Cairnech, tri Epscuib ; Laegaire, ocus Corc, ocus Daire, .i. tri Rig ; Rosa, .i. mac Tricim, ocus Dubiac, .i. sui Berla, ocus Fergus, .i. filed.

Nofis, din, ainm in Liubairse ro ordaigset, .i. fis nonbai, ocus ata a desmercet rinn anuas.

Is i so tra in Cain Patraic, issed nad cumaic nae breitem daenna do Gaedelaib do taitbiuch nach ni fogeba i Senchus mor.

the mouths of the chief prophets and noble fathers in the patriarchal law ; for the law of nature had prevailed where the written law did not reach.

Now the judgments of true nature which the Holy Ghost had spoken through the mouths of the Brehons and just poets of the men of Erin, from the first occupation of this island, down to *the reception of* the faith, were all exhibited by Dubhthach to Patrick. What did not clash with the Word of God in the written law and in the New Testament, and with the consciences of the believers, was confirmed in the laws of the Brehons by Patrick and by the ecclesiastics and the chieftains of Erin ; for the law of nature had been quite right, except the faith, and its obligations and the harmony of the church and the people. And this is the Senchus Mor.

Nine persons were appointed to arrange this book, viz., Patrick, and Benen, and Cairnech, three Bishops ; Laeghaire, and Corc, and Daire, three Kings ; Rosa, i. e. Mac-Trechim, and Dubhthach, i. e. a doctor of the Bérla *Feini*[d], and Fergus, i. e. a poet.

Nofis, therefore, is the name of this book which they arranged, i. e. the knowledge of nine persons, and we have the proof of this above.

This is the Cain Patraic, and no human Brehon of the Gaedhil is able to abrogate anything that is found in the Senchus Mor.

[*Introduction, vol. I. pp.* 2–19.]

ᵃ i. e. Tara

ᵇ Near the source of the Ardee (anciently

called the Nith), co. Louth.

ᶜ Dubhthach's poem above-mentioned, and

its history, are given here in the original work. It recited the condemning to death of the murderer of Odhran, S. Patrick's charioteer.

d i.e. of the dialect of the Feini, in which these laws were written.

[2. *Dire-fine equal for King and Bishop.*]

Is a Sencas Mar ro airled comdire do Rig ocus Epscop, ocus aige rechta litre, ocus suad filed forcan di cendaib forosna, ocus do briugad direnar cetaib, oca mbi caire ansic co na thochus techta.

In the Senchus was established equal 'dire'-fine for a King, and a Bishop, and the head of the written law, and the chief poet who composes extemporaneously, and for the brewy, who is paid 'dire' for his hundreds, and who has the everfull caldron and his lawful wealth[a].

[*Introduction, I. 40.*]

[a] So also in dispensing hospitality, the haunch was reserved for "the King, Bishop, and literary doctor" (*Introd., I. 49*).

[3. *Tithes, First-fruits, Alms, Contracts.*]

Aatat a tri noda icat, dechmada, ocus primiti, ocus almsana, aragairet re cuairt duinebad, traethad cairde la Rig ocus tuaith, aragair tuarathlia coctha.

Astad caich in sochar ocus ina dochur argair bailiuth in betha.

Acht na cuic curu ata taithmechta la feine, cia ro nasatar: cor moga cen a flaith, cor manaig cen apaid, cor meic beoathar cen athair noca, cor druith no mire, cor mna sech a ceili.

There are three things which are paid, *viz.*, tithes and first-fruits, and alms, which prevent the period of a plague, and the suspension of amity between a King and the country, and which also prevent the occurrence of a general war.

The binding of all to *their* good and bad contracts prevents the lawlessness of the world.

Except the five contracts which are dissolved by the Feini, even though they be perfected : the contract of a labourer without his chief, the contract of a monk without his abbat, the contract of the son of a living father without the father, the contract of a fool or mad woman, the contract of a woman without her man.

Olcena atsuiter cuir bel amail adrodad Adum in derbdiubairt : atbath in bith uile ar acn uball.

In like manner are fixed the contracts by word of mouth, as Adam was condemned for his red fraud : all the world died for the one apple.

[*Introduction, I.* 50–52.]

[4. *A stumbling Bishop to be degraded.*]

Atat ceitheora sabaid tuaite noda desruithethar i mbecaib : Rig gubretach, Epscop tuisledach, file diubartach, aire eisindraic nad oiget a mamu. Ni dlegaiter doib dire.

There are four dignitaries[a] of a territory who may be degraded : a false-judging King, a stumbling Bishop, a fraudulent poet, an unworthy chieftain who does not fulfil his duties. 'Dire'-fine is not due to these.

[*Introduction, I.* 54.]

[a] See also pp. 56, 57 : "Inflicting wounds, or committing acts of treachery, upon bodies or persons, *or* fratricide, or secret murder, or refusing *to entertain* a company, or adultery, if it be committed by any one of an ecclesiastical grade, deprives such ecclesiastical orders of full honor-price at once until they pay 'eric'-fine, and do penance ; and they all return to their former dignities except the Bishop, who does not return, but becomes a hermit ; or, *according to others,* it is the virgin Bishop only who does not recover his grade or his perfection again ; the Bishop of one wife does return, i.e.

when he performs penance within three days." And p. 61 : "All men whose office did not compel them to frequent the Church, have a 'cumhal' for frequenting the Church. If *a person of* the six grades of the Church has done these deeds, he shall move to a higher grade, so as he does penance in proportion to the dignity of the grade, however insignificant the crime. . . . When they [the Brewys] have not increase of property *to entitle them to recover their rank,* they must do penance at their own Church," &c.

[5. *Value of Bishop's Testimony.*]

Ar forbrise Ri cach a fiadnaise, ar is tualaing som forgell for cach recht, acht a da comgrad d'inraicaib, no sui, no Epscop, no deorad De.

The King excels all in testimony, for he can, *by his mere word,* decide against every class of persons except *those of* the two orders of *religion or learning* who are of equal rank *with himself,* as the doctor, or the Bishop, or the pilgrim [exile of God].

[*Athgabail, or Law of Distress, I.* 78.]

[6. *Furniture of a Church.*]

Is and ro airled etach fri lith, arm fri nith, ech fri aige, dam fri h-ar, bo fri blicht, mucc co nur, cauru co lí ; toichned Ri, biathad aireċ, esbuid fledi, intreb n-ecalsa, &c.

It is in it (*the rule of one day's stay*) were included *distresses for* raiment for the festival day, weapons for the battle, a horse for the race, an ox for ploughing, a cow for milk, a pig with fatness, a sheep with its fleece ; the withholding of his food-tribute from a King, the food-tribute of a chieftain, the deficiency of a feast, the furniture of a church, &c.

[*Law of Distress, I.* 122.]

[7. *Relics—Churchyard.*]

Athgabail dechmaide im crichad selba, im fuigell, im dirind uas caċ, im rodarc tunne [im set roderc] im diubu nuire, &c.

Distress of ten days for the partition of lands, for a relic, for the mountain *land* high above all, for things *of value* seen on the sea, for valuable articles, for digging a churchyard, &c.

[*Law of Distress, I.* 200–202.]

[8. *Advice of Church in making Laws.*]

Is cosse conamas athgabail huine, ocus aile, ocus treisi, ocus cuicthe, ocus dechmaide la Feni a comairleib Eclaisi, a nnoisib tuaì, a firechtaib filed, a comcetfaidib flatha, a comairle breitheman, acht ni ima tormaig cubus ocus aicne a firbrethaib iar cubus.

Hitherto have been enumerated the distresses of one day, and of two days, and of three days, and of five days, and of ten days, by the Feini by the advice of the Church, from the customs of the laity, from the true laws of the poets, from the concurrent opinions of the Kings, from the advice of judges, except what conscience and nature added from true judgments according to analogy.

[*Law of Distress, I.* 208, 209.]

[9. *Injuring Utensils of the Altar.*]

(This is included in a list of injuries for which a distress of three days is ordered. The cup and chalice are the utensils specified.)

[*Law of Distress, I.* 233–235.]

[10. *Exemption of Clerks from duty of interfering to prevent violence.*]

Bit sellaig slana and chena, .i. cleirig, ocus mna, ocus mec, ocus aes nad meisi gona na anacal na urgair, ocus eccuind ocus escunid.

There are also other lookers-on who are exempt, i.e. clerics, and women, and boys, and people who are not able to wound or protect or forbid, and imbeciles and incapables.

[*Law of Distress, I.* 242, 243.]

[11. *Why distress is fourfold.*]

Ocus ar ind hi it ceteora selba bit for cach adgair ocus adgairter: selb fini atardai, ocus selb flata ocus selb Ecalsa, ocus selb maithrai, no selb altrama; ro bi co comraicet huile for oen; rom bi imbei a di, no a tri, no nachae aenar nacha techta.

(Among other reasons) Because there are four who have an interest in every one who sues or is sued: the tribe of the father, the chief, the Church, the tribe of the mother, or the foster-father; it may be that they all may be in one; it may be that they may all be in two, or in three, or one alone may have an interest in him.

* * * * * *

Ocus ar ind hi it ceithri rechta ro mesraigset ar breiemnacht: recht naicned, ocus recht fetarluig, [recht faide,] recht nudfiadnaise.

And because there are four laws which are brought to bear upon judicature: the law of nature, the patriarchal law, the prophetic law, the law of the New Testament.

[*Law of Distress, I.* 260, 261.]

[12. *Exemption for those who go to obtain the Communion for a Sick Person.*]

Dlomtar turbuid; a teisid annso: tubad sloig fo mendad; iarmoract cruid, no coibdena; no gabala, no

The *occasions* of exemption are here set down; these are they: the attack of a host upon the house;

cimidi, no fir muindtire consla i n-ailitri, no coingi comna, no lega do neoch biss fri bas, &c.

pursuit of cattle, or a party; or the seizure *of cattle*, or a prisoner, or a member of a tribe having gone on a pilgrimage, or to obtain the communion, or a physician for a person on the point of death, &c.

[*Law of Distress, I.* 266, 267.]

[13. *Delay of Ten Days in distraining Cattle belonging to the Church.*]

Ni gaibter atgabail neime graid flatha no Eculsa conar fastur doib cu dechmuid.

The exempt cattle of the chieftain grade or of the Church shall not be distrained until a delay of ten days has taken place.

[*Law of Distress, II.* 48, 49.]

[14. *Steward Bailiffs of Kings and Bishops.*]

Acht athuig forra bitis fri cinta o Riguib.

Except steward-bailiffs which Kings had to be accountable for their liabilities.

[*Gloss.*] .I. acht na haiuig ro bitis ac na Riguib da foiritin re ic a cinuid, for a toibged cac in fola cinuid no in fola fiac roddlesta do na Rigaib, .i. maoir no rectuire in R iat side, uair adetge lais in ugdur, atgabail do gabail do na Riguib ocus do na Hespocuib budem, cid troscud do legdis ima fiachuib cuir ocus cunnurra, ocus im cinta coisi ocus laime. Is amluid ro bidis na Riga ocus na Espuic i nallut, do rer na narsanta, ocus aiuig forra acud da fine budein, no doer cele ag in Ri, no doer manuc ag in Espuc, ocus cumad amluid sin do betis na graid secta, ocus na graid ecalsa uile. Ocus do daer ceilib flaia no dia ngelfine an aiuig forra, ocus do doermancuib eaculsa, no dia ngelfine

[*Gloss.*] That is, except the stewards whom Kings used to have to relieve them in paying for their liabilities, and whom all sued for the liabilities of crime or liabilities of contract due from the Kings, i. e. these were the stewards or agents of the King, for the author *of this law* was loath to take distress from the Kings or Bishops themselves, though *the persons suing them* fasted on them for their liabilities of bargain and contract, and their crimes of foot and hand. The Kings and the Bishops in ancient times, according to the ancients, had stewards of their own tribe, or the King had a 'daer'-stock tenant, or the Bishop a 'daer'-stock tenant of ecclesiastical lands, and all the septenary grades and all the eccle-

na hatuiġ forria. No bitís ac tobuċ
doib gaċ neċ dligdis ocus a gaḃáil
aigabala uime, da risdais ales ; ocus
gaċ cin ro acurta ar na Riguiḃ cumad
dibsim ro gabta aigabail uime. Da
lécdis na Riga troscad ocus da ngabta
aigabail do na Rigaiḃ tar fis in atuiġ
foria, is fiaċ indligid athgaḃala ann,
ocus a da trian don cinn ocus aen
trian don athuċ forria ; no cumad
don athuċ forria no betis in da trian ;
ocus gaċ indliged aigabala do gentur
risin atuċ, is fiach indligid athgaḃala
do inn, ocus a da trian aice buden
ocus a ʄen trian don Ri ; no dono
cumad a breiṫ do aenur a ninbuid
is de gabtur in aigabail ; ocus in
inbuid is don Rig no gebta i cuma
fiach indliġid aigabala do breiṫ do
aenur. Ocus gaċ indliged do dena
in tathaċ forria fein um in aigabail
is a ic do aenur ; ocus da tecmad
indliged aigabala do denum don
cinn, cumad é in tatuċ forria no
icfud ; ocus aitġin in gaċ neċ raċus
a lopud, ocus i corpfiaċ daiġabail
in athuiġ forria dic on cinn ; no
cuna ica etir ini na rachuid a
loḃad di.

siastical grades were similarly *pro-
vided.* Their (*the Kings'*) steward-
bailiffs were of the ' daer'-stock
tenants of the chieftain or of the
' Geilfine'-tribe, and their (*the Bishops'*) steward-bailiffs were of the
' daer'-stock tenants of ecclesiastical
lands or of the ' Geilfine'-tribe with
which the *Bishop's* church was connected. They used to levy for them
everything that was due to them
and take distress for it, if necessary ;
and for every liability for which the
Kings were sued, it was from these
that distress was taken. If the Kings
had permitted fasting *to be performed*
and if distress were taken from the
Kings without the knowledge of the
steward-bailiff, there is fine of illegal
distress imposed for it, of which two
thirds are due to the head *Kings*, and
one third to the steward-bailiff ; or
according to others the two thirds
were due to the steward-bailiff ;
and for every illegality of distress
committed against the steward he
shall be paid fine for it (*the illegal
distress*), of which he himself shall
possess two thirds and the King one
third ; or else he shall obtain all
when it is from him the distress is
taken ; and when it is taken from
the King, he alone shall get the fine
for illegal distress. And as regards
every illegality which the steward-
bailiff shall commit respecting the
distress, he alone shall pay for it ;
and should it happen that the head
(*King or Bishop*) committed illegality
of distress, the steward-bailiff shall
pay for it, and make restitution for

everything that has gone into forfeiture, and the original debts of the steward-bailiff shall be paid by the head; or *according to others* the part of it which has become forfeited shall not be paid for at all [a].

[*Law of Distress, II.* 94, 95.]

[a] In Irish tenure of land, the chief supplied the stock, the occupier the labour. In Saer-stock tenure, which was the nobler of the two, the occupier gave no security; in Daer-stock tenure, he did. See Dr. Hancock's *Pref.* to vol. ii. of the *Senchus Mōr*, pp. xlviii. sq. 'Geilñne' was a tribe-relationship extending to the fifth degree (*Id. ib.* xlvi).

[15. *Distraint of Ecclesiastics.*]

[*Gloss.*] Aithgabail aesa ecolsa; troscad ocus apud iaram nad ngeba a paiter naċ a credo ocus nad tet do sacarfaic ocus do aubairt. Mad aes graid no aes creidme * * im toig a cluicc no im ċois a altoire, ocus apud na ro oiffrither fuirri, ocus nad mbentar cloc do traiaib. Do airchindchaib ocus aesgraid inso. Ma atloat gaibter a sesci no a mbliċta, mana tincatar.

[*Gloss.*] *As to* the distraint of ecclesiastics : fasting *is to take place* and afterwards notice *is to be given* that they say not their Lord's Prayer nor their Creed, and that they go not to the sacrifice nor to the offering. If they be persons in orders or religious persons, *let a 'gad'-tye be put* upon their bell-houses or at the foot of their altar, and a warning given that there shall be no offering made upon it, and that the bells for the hours shall not be rung. This refers to 'Airchinnechs' and persons in orders. If they abscond let their dry cows or their milch cows be seized, unless they tender justice.

[*Law of Distress, II.* 120, 121.]

[16. *Distress of an Abbat upon his Tenant or Monk.*]

[*Gloss.*] A cumat apad ar a manaċ; ocus athair ara mac; ocus fiiir aru felmac.

[*Gloss.*] It is the same with *the distress of* an abbat upon his tenant of ecclesiastical lands [monk]; and of a father upon his son; and of a tutor upon his pupil.

[*Law of Distress, II.* 128, 129.]

[EXTRACTS FROM SENCHUS MOR, VOL. II.]

[17. *Privileged Residence in which there is a Bishop.*]

[*Gloss.*] Ata dono forus dila cinta di aithgabail, .i. a fuirech i ndail imbi Ri, no Epscop, no sui, no uasal nemid sechip é ; a fuirech i faichi cainte, no fir nad fuilnget gruaidi, ar ni daimside dligiuth itir do duine.

[*Gloss.*] There is, however, a residence which washes out the liability of a distress, i. e. to seize in an assembly in which there is a King, or a Bishop, or a professor, or a noble ' nemidh,' whoever he may be ; to seize in the green of a satirist, or of a man who does not suffer 'gruaidhi,' for he vouchsafes no right whatever to a person.

[*Law of Distress, II.* 128, 129.]

[18. *Distinctions of Sundays and Festival-days.*]

Mac in uiriuch desa imurro, dath fo lei a eduig cach lae, .i. foru brut no foru inur, ocus da etuch dathu uime dia domnuig ; ocus itir a lom ocus inua do.

The son of the ' aire-desa' chief wears clothes of a different colour every day, i. e. his cloak or his tunic *is to be of a different colour every day*,, and he is to wear clothes of two different colours on Sunday; and he is to have both old clothes and new clothes.

Mac in uiriuch tuis imurro, dath for eduige uile ; ocus da étuc dathu uime cach lae, itir a lom ocus a nua, ocus da educh dathu nuaid uime dia domnuig. Educh dathu cach lae aice, educh domnuig ocus etuch sollumuin, act is ferr cach étuch araile dib.

The son of the ' aire-tuisi'-chief is to have all his clothes coloured ; and is to wear clothes of two colours every day, both old and new, and to wear new clothes of two colours every Sunday. He is to have coloured clothes every day—clothes for Sunday and clothes for the festival, but each of them better than the other.

Mac in uiriuch aird imurro, da etuch daia nua cach lae imeside, ocus da etuch dathu nuaid dia domnuig ocus i sollumuin, act is ferr each etuch araile.

The son of the ' aire-árd'-chief is to wear new clothes of two colours every day, and new clothes of two colours on Sunday and the festival day, but each of these clothes better than the other.

Mac in da airi forgill is tairi sic.

The sons of the two inferior 'aire-forgill'-chiefs, the same *as the last mentioned.*

Mac na nairiuch forgill is ferr, ocus mac na Rig, etuch dathu nuaid doibside in cach aimsir, act is fearr araile dib, ocus or ocus airget foruib uile.

The sons of the superior 'aire-forgill'-chiefs, and the sons of the Kings, are to have new coloured clothes at all times, but exceeding each other in quality (*the Sunday clothes better than the week-day clothes, and those for the festival better than those for Sunday, as already specified*), and all embroidered with gold and silver[a].

[*Law of Fosterage, II.* 148, 149.]

[a] These are part of the duties of a foster-father. The epithets indicate the various grades of chieftainship.

[19. *Dissolution of Contracts.*]

Gach cor dib taithmither uile, is ar ain, no treise, no cethruimie tai- mither. Aon fri taitmec cor na ceile iar fis; ocus treise fri taithmech cor na mac saorlicie iar fis; ocus cuicte fri taithmec cor na saormanac iar fis. Ma taithmec imurro a ndiubarta nama, is inand ocus in re fri taith- menn in cenn a ndiubarta fadein, .i. co ceithre uaire fichet, ocus co dechmaid.

As to every contract of all these which is dissolved, it is in one day, or three days, or four days they are dissolved. One day for dissolving the contracts of the tenants after knowledge *of them;* and three days for dissolving the contracts of the emancipated sons after knowledge *of them;* and five days for dissolving the contracts of the 'saer'-*stock* tenants of ecclesiastical lands after knowledge *of them.* If their dis- honest contracts only are dissolved, the time is the same as that in which the chief dissolves their own dis- honest contracts, i. e. in twenty-four hours, and in ten days.

[*Law of Saer-Stock Tenure, II.* 218, 219.]

[20. *Social connexion between the Church and its Tenants of Ecclesiastical Lands.*]

[*Gloss.*] .i. is i lanamnacht uil itir in Eclais ocus a manchu, praicecht

[*Gloss.*] The social connexion which subsists between the Church[a]

ocus oiffrenn, ocus imaind anma on Eclais da manchaib, ocus airitiu caċ meic do forċetal, ocus caċ manaig do coir aithriġe; dechmada ocus primiti ocus almsana uaithaibsium disi, ocus lan log enaċ in nertslainti, ocus trian log enaċ fri bas; ocus breitheamnus, ocus imdenam, ocus fiadnaise don Eclais for a manċaib, itir saermanach ocus daermanaċ, ocus for caċ tuata uile cid saermanach he, muna raib Eclais aile, [Eclais is comuasal resi], aca testugud.

and its tenants of ecclesiastical lands is, preaching [b] and offering,—and requiem for souls is due from the Church to its tenants of ecclesiastical lands, and the receiving of every son for instruction, and of every *such* tenant to right repentance; tithes, and first fruits, and alms, are due of them to her, and full honor-price when they are in strong health, and one-third honor-price at the time of death [c]; and the Church has *the power of pronouncing* judgment, and proof, and witness, upon its tenants of ecclesiastical lands, both ' saer'-stock tenants and ' daer'-stock tenants, and upon every other layman, even though he be a ' saer'-stock tenant of ecclesiastical lands, unless there is another Church of equal dignity claiming him.

[*Law of Social Connexions, II.* 344–347.]

---

[a] The Church, ('eclais'), i.e. 'ecan clas,' the assembly of wisdom; or 'eclas,' i.e. 'iclas,' because the Church supplies every one with what he requires; or 'eclas,' i.e. 'uag clas,' pure assembly, the Church is an assembly which is purer than all others; or eclas, i.e. 'ecen leas,' by which one's welfare is effected, when he is in difficulty; or 'eclas,' from the Greek *ecclesia justi populati,* i.e. the assembly of the just. 'With her tenants of ecclesiastical lands' ('manchu'), i.e. with the people who give it (*the Church*) valuable ('somainacha') goods ('maine'), after a proper way, ('cae'), or manner. (*Law of Soc. Con., II.* 345.)

[b] Another MS. adds, "Baptism and communion, and requiem of souls."

[c] The same MS. adds, "And every first calf, and every first lamb, and every first-born of children, and every tenth child from that out."

[21. *Restitution for Illegal Taking of Church Property.*]

Asrenar aithguin cach dichmairc cairichther co troscad, acht in Eclais.

[*Gloss.*] Co troscad, .i. co na derntar troscad ime ac iarraid a aithgena iar na gabail; is ann ata aithgin do tuata ann muna troiscter. Acht in

Restitution is paid for every illegal taking with which they are charged by fasting, except *when* the Church *is concerned.*

[*Gloss.*] Fasting[a], i.e. when fasting is not performed in seeking its restitution after it has been taken; restitution is *not* paid to a layman unless

Eclais, .i. act mainib o eclaisdacda berair he, is ann ata aithgin and ria troscad, uair isse cuit in in actnaigie a bail ata aithgin lacta no gnimraid don tuait ann, biaid a diablad do Ecluis. Aithgin olcena, .i. aithgin uile cena in cach ni berair o neoch cen athcomarc is in nerrach co na torrachtain ina uide icce coir, .i. cenmota Eclais.

the fasting is performed. Except *when* the Church *is concerned*, i. e. unless it (*the property*) has been taken from an ecclesiastic : if it has, there shall be restitution before fasting, for the force of the "except" is *that* where there is restitution of milk or work to a layman, there shall be double *restitution* to the Church. Restitution *is also paid*, i. e. restitution *is* likewise *paid* for everything which is taken away from one without asking permission, i. e. for the forced relief or loan which is to be forthcoming in its proper time of payment, i. e. except *when* the Church *is concerned*.

[*Law of Social Connexions, II.* 352, 353.]

ᵃ For the custom of fasting in connexion with distraint, see Dr. Hancock's *Pref.* to *Senchus Mor*, vol. i. pp. xlviii. sq.

[22. *Duty of the Church on account of Land, &c.*]

[*Gloss.*] Rath tarairrdig tabuirt in cele don ni teit a nairim cac forcruid nairbid. Tabuirt na Ecluisi, biathad in aen cineda gin fine, gin tir, gin inilled, ocus cach mic ocus gach manuig. Ocus tabuirt manuig, .i. .x. 7rl.

[*Gloss.*] The excessive return for the stock is the implied duty of the tenant out of that which goes to the account of each excess of measure. The implied duty of the Church is the feeding of the last survivor without a tribe, without land, without cattle, and of every son *left destitute*, and of every tenant of ecclesiastical lands. And the implied duty of a tenant of ecclesiastical lands, i.e. the tenth, &c.

[*Law of Social Connexions, II.* 354, 355.]

[23. *Restitution of Eric-fine and of Penance.*]

Aithgin neirci ocus aithgin peine do Eclais ria troscud ; aithgin ocus dire ocus eneclann iar troscad, ocus

Restitution of 'eric'-fine and restitution of penance *are to be paid* to the Church before fasting ; restitua log do pennait in dichmairc in sein. Aithgin do cać cena ina dichmairc ria troscud; aithgin imorru ocus dire ocus eneclann in taide, ocus in elguin ria troscud, issed dno in dichmairc iar troscad. Cia troiscther imorru imon taide ocus imin elguin, ni ictar diablad do neoch ro raidsem, co ro cinne breithium. Issed a trocar; a ctrocar imorru diablad neich dlegar ria troscad do ic iar troscad i taide ocus i nelgum. Ise fein atai im in dichmairc, nać aili imorru innisis in taide.

tion, and 'dire'-fine, and honor-price after fasting, and the amount for the illegal taking are paid in penance. Restitution *is due* to every one in general for illegal seizure before fasting; but restitution, and 'dire'-fine, and honor-price *are due* for theft, and for illegal seizure before fasting, and these *penalties* are for illegal taking after fasting. But even though fasting be performed in cases of theft and forcible seizure, double shall not be paid for anything we have mentioned, until the Brehon decides it. That is the leniency of the case; but the severity is that the double of the thing due before fasting is to be paid after fasting for theft and forcible seizure. He (*the plaintiff*) himself is *the witness* of the illegal taking, but another person tells of the theft.

[*Law of Social Connexions, II.* 354–357.]

[24. *Contracts for the Gathering for the Festivals.*]

Ni bi cor cor nechtar da lina sech araile, inge curu lesaigter a cumtus; iteside inso comul comuir fri coibne techta in tan nad bi occaib fadesin comobair trebta do luad; fochraic tire; tinol cua; comull sollaman.

The contract made by either party is not a *lawful* contract without *the consent of* the other, except in case of contracts tending equally to the welfare of both; such as the alliance of co-tillage with a lawful tribe when they (*the couple*) have not the means themselves of doing the work of ploughing; the taking of land; the collecting of food; the gathering for the festivals [a].

[*Law of Social Connexions, II.* 356–359.]

---

[a] Gathering for the festivals, i. e. gathering of food for consumption at the festivals, i. e. at Easter and Christmas. (*Law of Soc. Con., II., pp.* 358, 359.)

APPENDIX C.

HYMN OF S. FIACC.[a]

1. Genair Patraicc innemthur, ised atfet hiscclaib :
   Maccan sembliadan deac intan dobreth fodéraib.

3. Succat aainm itubrad; cedaathair bafissi;
   Macc Alpuirn, maic Otide, hoa deochain Odissi.

5. Bái se bliadna ifoguam, maisse dóine nistoimled,
   batarile cothraige cethartrebe diafognad.

7. Asbert Uictor frigniad mil contessed fortonna :
   forruib achois forsindlcice marait aes nibronna.

9. Dofaid tarelpa, huile de mair baamru retha,
   conidfarggaib lagerman andes indeisciurt letha.

11. Ininnsib mara torrian ainis, innib adrími ;
    legais canoin lagerman, ised adfiadat líni.

13. Dochum nerenn dodfetis aingil de hifithisi :
    menicc atchithi hiffsib dosnicfed arithisi.

15. Robochobair donderinn tichtu Patraicc, forochlad :
    roclos cian son agarma macraide caille fochlad.

17. Gadatar cotíssad innoeb aranimthised lethu,
    aratintarrad ochlóen tuatha herenn dobethu.

19. Tuatha herenn tairchantais dosnicfed sithlaith nua,
    meraid code aiartaige bedfás tír temrach tua.

21. Adruid friloegaire tichtu Phatraicc nicheilltis ;
    rofirad ind[f]atsine innaflatha asbeirtis.

23. Baleir Patraicc combeba; basab indarba clócne :
    ised tuargaib aena suas de sechtreba dóine.

25. Ymmuin ocus abcolips, natricoicat noscanad ;
    pridchad baitsed arniged demolad dé nianad.

HYMN OF S. FIACC.

1. Patrick was born in Nemthur; it is this that has been declared in histories:
   a child of sixteen years, when he was brought under tears.

3. Succat his name it was said; who was his father is to be known:
   son of Calpurn, son of Potitus, grandson of deacon Odisse.

5. He was six years in slavery; men's food he ate it not:
   many were they—four tribes, whom Cothraige [b] served.

7. Victor [c] said to Mil's [d] slave that he should go over the waves:
   he pressed his foot on the stone: its trace abides: it wears not away.

9. He went across all the Alps—Great God! it was a marvel of a journey!
   until he staid with German in the south, in the south part of Latium.

11. In the isles of the Tyrrhene sea he remained, therein he meditated:
    he read the canon with German: it is this that writings declare.

13. To Ireland God's angels were bringing him in his course:
    often was it seen in visions that he would come thither again.

15. It was a help to Ireland the coming of Patrick, who was called:
    afar was heard the sound of the cry of the children of the wood of Fochled [e].

17. They prayed that the saint would come, that he would journey with them,
    that he would turn the peoples of Ireland from Evil to Life.

19. The peoples of Ireland were prophesying that a new Prince of Peace would come to them,
    That his successors would abide to the day of Doom, that Tara's land would be waste and silent.

21. His druids concealed not from Loegaire Patrick's coming;
    The prophecy of the Prince whereof they spake, was verified.

23. Pious was Patrick till he died; he was a strong expeller of evil.
    it is this that raised his goodness upwards .... (?) beyond men's tribes.

25. Hymns and Apocalypse, the three fifties, he used to sing them;
    he preached, baptized, prayed, from God's praise rested not.

27. Nicongebed uacht sini dofeiss aidche hilinnib.
fornim conscna aríge ; pridchaiss fride indinnib.
29. Islán, tuaith benna bairche, nisgaibed tart nalia :
canaid cétsalm cechnaidchi ; doríg aingel fogniad.

31. Foaid forleice luim iarum, ocuscuilche fliuch imbi :
bacoirthe afrithadart ; nileicc achorp hitimmi.
33. Pridchad soscéla docách ; dogníth mórferta illethu :
iccaid luscu latruscu. mairb dosfiuscad dobethu.

35. Patraic pridchais doscotaib ; rochés mór seth illethu,
immi contíssat dobrath incach dosfuc dobethu.

37. Meicc Emir, meicc Erimon, lotar huili lacisal :
fosrolaic intarmchosal isinmorchute nísel.
39. Condathanic intapstal ; dofaith gith gáithe déne :
pridchais trifichte bliadan croich Crist dothuataib Fene.
41. Fortuaith Herenn bai temel ; tuatha adortais síde f ;
nicreitset infírdeacht innatrínóite fíre.
43. In Ard-macha fil ríge ; iscian doreracht Emain :
iscell mór Dún Lethglasse ; nimdil ceddithrub Temair.

45. Patraicc diambai illobra adcobra dul do Máchi :
doluid aingel arachenn forset immedon láthi.
47. Dofaith fades couictor ; bahe aridralastar :
lassais inmuine imbai asinten adgladastar.
49. Asbert, "Orddan doMachi : doCrist atlaigthe buide :
dochumnime mosrega : roratha duit dugude.
51. Ymmon dorroega itbiu, bidlúrech díten docách :
immut illaithiu inmessa regat fir Herenn dobrath."

53. Anais Tassach i diaés intan dobert comman dó :
asbert, monicfed Patraicc briathar Tassaig nirbugo.
55. Samaiges crich friaidchi arnacaite les occai :
cocenn bliadne bai soillse, bahé sithlaithe fotai.
57. Incath fechta imBethron frituaith Cannan lamac Nuin,
assoith ingrian frigabon, issed adfeit littri dúinn.

59. Huair assoith laIésu ingrian fribás innacleón,
ciasuthrebrech bahuisse soillsi fricitsecht nanóeb.

27. The cold of the weather kept him not from spending night in linns :
in heaven he won his kingdom ; he preached by day on hills.

29. In Slan f in the territory of Benn-Boirche neither thirst nor hunger
possessed him :
he sang a hundred Psalms every night : he served the angels' King.

31. He slept on a bare stone then ; and a wet robe around him :
a pillar-stone was his pillow ; he left not his body in warmth.

33. He preached the Gospel to every one ; he wrought great marvels
widely :
he healed the halt with the lepers, the dead he raised them to life.

35. Patrick preached to the Scots ; he suffered great pain widely,
that around him might come to Judgment every one whom he brought
to Life.

37. Emer's sons, Eremon's sons, all went to Hell :
the transgression cast (?) them into the great low pit.

39. Until the Apostle came to them : he went the wending of a swift wind :
he preached for three score years Christ's cross to the pagans of the Féni.

41. On Ireland's people was darkness : the peoples adored earthly gods ͏g ;
they believed not the true Godhead of the true Trinity.

43. In Armagh is a Kingdom ; it is long since Emain passed away :
Dun Lethglasse is a great Church ; not pleasant to me though Tara be
desert.

45. Patrick, when he was in sickness, desired to go to Armagh :
an angel went to meet him on the road in the middle of the day.

47. He went south to Victor ; he it was that met him :
the bush wherein he (Victor) was flamed ; from the fire he exclaimed.

49. He said, " Primacy at Armagh ; to Christ offer thanks :
to heaven thou wilt soon come : thy prayers have been granted to thee.

51. The Hymn thou chosest in thy life, shall be a corslet of protection to
every one ͪ :
around thee on the day of Doom the men of Ireland will come for
Judgment."

53. Tassach ͥ remained after him when he had given the communion to him :
he said, that Patrick would soon come ; Tassach's word was not false.

55. He put an end to night, for light was not consumed with him :
to a year's end was radiance, this was a long peace-day.

57. At the battle fought on Bethron against Canaan's people by the son
of Nun,
the sun rested at Gibeon, that is what histories tell us.

59. Since the sun rested with Joshua at the death of the wicked,
though it was fitting, meeter were radiance at the death of the saints :

[HYMN OF S. FIACC.]

61. Clerich Herenn dollotar dairi Patraicc ascechsét :
son incetail fosrolaich contuil each úadib forsét.

63. Anim Patraic friachorp, isiarsethaib roscarad,
Aingil Dé ícétaidchi aridfetis cenanad.

65. Intan conhualai Patraic, adella in Patraic naile ;
ismalle connubcabsat dochum nísu Meicc Maire.

67. Patraic cen airde núabar bamór domaith romenair,
beith ingéillius Meicc Maire ; basén gaire ingenair.

Genaír Patraicc.

* This hymn was composed after the date when Tara ceased to be a royal residence, and therefore not earlier than the latter part of the 6th century. Consequently it was not the composition of Fiacc of Sletty, as it is affirmed to be in the Preface to it in the Irish *Liber Hymnorum*. It was also, obviously, written in the interest of the Armagh claim to primacy. It is given here as the earliest document relating to S. Patrick's life, besides his own Confession and Letter. These last-named documents negative in effect both the alleged regular training of S. Patrick under S. Germanus, and his mission by the Pope. The Fiacc Hymn was written after the former legend had come into existence, but before anything had been heard of the latter. It is printed here from Stokes's *Goidelica*, pp. 126–

[HYMN OF S. FIACC.]

61. Ireland's clerics went to watch Patrick from every road :
the sound of the chant covered them, so that each of them slept on the
road.

63. Patrick's soul from his body, it is after pains it was separated,
God's angels on the first night were singing it without ceasing.

65. When Patrick went, he visited the other Patrick ;
it is together they ascended to Jesus, Mary's Son.

67. Patrick without loftiness or arrogance, it was much of good he thought.
He was in the friendship of Mary's Son : happy was the fate to which
he was born.

[Patrick was born.]

312, 2nd edit., and with his translation. Colgan first printed it, and from him O'Conor.
And it is also in Part II. of Dr. Todd's *Liber
Hymnorum*, pp. 287–289. The original is in
the MS. *Lib. Hymn.* at Dublin.

b A name for Patrick, = Cothirthiacus, in
Book of Armagh (Stokes).

c The name given to the angel "Scotticæ
Gentis" (Stokes).

d = Milchun, Patrick's master.

e See above, p. 303, note P.

f The river Slany near Saul, co. Down.

g side = deos terrenos (Stokes).

h St. Sechnall's Hymn, acc. to Stokes. But
the allusion rather seems to be to S. Patrick's
own *Lorica*.

i Bishop of Ráith cholptha, now Raholp,
near Down (Stokes).

www.ingramcontent.com/pod-product-compliance
Lightning Source LLC
Chambersburg PA
CBHW020048030726
47499CB00007B/2645